捜査研究 臨時増刊号

判例から学ぶ

捜査手続の実務

特別編①

**強制採尿を前提としてなされる「留置き」の適否を
めぐる裁判例と捜査実務（現場）への提言**

専修大学大学院法学研究科修士課程修了

細谷　芳明　著

（元栃木県警察学校長・元警察署長）

JN252402

東京法令出版

発刊にあたって

　職務質問等の過程で、覚せい剤使用の嫌疑が濃厚であるにもかかわらず、その対象者が、任意による採尿に応じない場合において、強制採尿を前提としてなされる「留置き」の考え方について、最近、東京高裁が初めて純粋に任意捜査段階と強制手続への移行段階とに二分して判断するという新たな判断枠組みを判示した。

　そこで、本書は、この二分説（論）が捜査手続上、極めて明快な判断基準たり得るとの理解の下、実務的視点から、「純粋に任意捜査として行われている段階」にあっては、説得の時間的な関係を考慮しつつ、その説得を断念し、強制採尿令状請求に移行するための考慮要素を、次に、強制採尿令状の発付・執行に向けて行われた「強制手続への移行段階」にあっては、強制採尿令状請求準備から当該令状の発付・執行までに要する時間内に留め置いた被疑者が退去行動に出た場合に、その退去阻止のためになされる有形力行使の許容性とその限界を、それぞれ関連する最高裁判例及び裁判例を中心に分析・検討したものである。

　本書は、筆者が専修大学大学院法学研究科修士課程において、刑事訴訟法を専攻し、「違法収集証拠排除法則」を研究テーマとする中で、平成27年3月に「専修法研論集」第56号に「強制採尿を前提としてなされる「留置き」の適否をめぐる問題」について発表した「学術論文」を、新たに捜査実務（現場）向けに「実務書」として構成し直したものである。

　現下の覚せい剤情勢をみると、依然として、検挙人員が1万人を超え、このうち暴力団構成員等の検挙人員が過半数を占めているなど、社会に浸透した厳しい現状が浮かび上がっており、引き続き当面の重要課題である。そこで、鋭意、覚せい剤捜査を推進するに当たり、今後の覚せい剤使用事犯の捜査実務（現場）において、いかなる対応をすることが捜査手続上、最も相応しいといえるかにつき、一つの判断指標を示した本書が、その拠りどころとなるならば、幸甚に思うところである。

　なお、本学の「専修法研論集」の本「学術論文」に注目され、熱心に「実務書」としての発刊をお勧めいただいた『捜査研究』編集室の皆様、迅速に校正作業を進めてくださったスタッフの皆様に厚くお礼申し上げます。

　平成27年8月

細 谷 芳 明

CONTENTS

捜査研究臨時増刊号

判例から学ぶ捜査手続の実務　特別編①
—強制採尿を前提としてなされる「留置き」の適否をめぐる裁判例と捜査実務（現場）への提言—

発刊にあたって

第3　「強制手続への移行段階」での任意捜査における「有形力の行使」の限界

（注）判例集等略語は、次によることとした。
　　刑集………最高裁判所刑事判例集
　　判時………判例時報
　　判タ………判例タイムズ
　　刑裁月報………刑事裁判月報

はじめに

　平成26年中の薬物情勢、とりわけ、覚せい剤情勢を概観すると、検挙人員は、依然として１万人を超え、全薬物事犯の83.5パーセントを占め、その割合は平成22年以降５年連続で80パーセントを超えている。そのうち、暴力団構成員等の検挙人員は、過半数を占め（55.0％）、同事犯への強い関与状況が続いている。また、覚せい剤の押収状況は、覚せい剤粉末が487.5キログラムであり、これは過去５年間（平成21年〜25年）の平均押収量（436.2kg）を上回っている。その再犯者は検挙人員の64.5パーセントを占め、増加傾向で推移している。違反態様別では、使用事犯が6,178人で最も多く、次いで、所持事犯が3,702人と、全体の90.2パーセントを占めている。これらをみるとき、社会に浸透した覚せい剤の厳しい現状が浮かび上がっており、引き続き当面の重要課題である。

　このような薬物事犯、とりわけ覚せい剤の自己使用罪の証拠収集保全には、鑑定により被疑者の尿から覚せい剤成分が検出されることが不可欠である。この場合には、捜査機関としては、職務質問等を通じ、被疑者の言動や注射痕等と相まって、覚せい剤使用の蓋然性が高いと認められたとき、まず被疑者に自発的に採尿に応ずるよう説得し、任意提出を求めることとなる。しかし、説得するも任意提出に応じず、拒否された場合には、強制採尿のため捜索差押許可状の発付を裁判官から得なければならず、当該令状の発付を求めるためには、「被疑事件の重大性、嫌疑の存在、当該証拠の重要性とその取得の必要性、適当な代替手段の不存在等の事情に照らし、犯罪の捜査上真にやむを得ないと認められる場合」において、その「最終的手段として」認められるものであることを疎明しなければならない。

　もっとも、覚せい剤は常習性・親和性の強い薬物のため、使用が疑われる者の態様によっては、なお通常の会話が可能な者から、幻覚・幻聴等妄想を抱いている者、更には錯乱

（１）　「平成26年の薬物・銃器情勢」（平成27年３月公表・警察庁刑事局組織犯罪対策部銃器薬物対策課、http://www.npa.go.jp）

（２）　関正晴編『Next 刑事訴訟法』77頁（滝沢誠）は、「通常、覚せい剤を使用すると、覚せい剤成分は、１〜２時間ほどは、血中に残留するが、その後、さらに、使用後２週間ほどの間に、覚せい剤成分が尿を経て対外に排出される。この被疑者の尿中に覚せい剤成分が存在するかどうかを鑑定することは、覚せい剤の使用を自白している被疑者にとっては、その鑑定書が覚せい剤の自己使用を内容とする自白の補強証拠となるし、また、否認している被疑者にとっては、覚せい剤の自己使用を否認している被疑者の実質的証拠として機能する。」と説明する。

（３）　最決昭和55年10月23日刑集34巻５号300頁、最決平成６年９月16日刑集48巻６号420頁（⇨本書 **4** 事例）。後者については本書 **4** 事例以降で詳細に解説するほか、『判例から学ぶ捜査手続の実務「捜索・差押え、違法収集証拠排除法則編」』 ㉕事例と、前者については同 ㉓事例を参照のこと。

状態にある者など一様ではない。そこで、説得可能な状態にあるかどうかを見極めつつ、幻覚・幻聴等による妄想、錯乱状態にある者などの場合は自傷他害のおそれがある者として保護措置⁽⁴⁾を講じた後、これを解除した上で採尿手続に移行することになる。

しかしながら、捜査の現場での問題は、覚せい剤使用の蓋然性が高いと認められ、なお説得可能な状態にある者に対して、**警察署、あるいは職務質問現場でなされる任意採尿の要請、その後にこれを拒否された場合になされる強制採尿令状請求手続への移行段階における「留置き」は、それぞれどのような要件の下で許容されるか**である。これは「留置き」が任意捜査として許容される限界の問題でもある。仮に、任意捜査の範囲を逸脱し、採尿手続に重大な違法があり、その鑑定書を証拠として許容することが将来における違法捜査の抑制の見地から相当でないと認められる場合においては、証拠排除されることになる。

〜違法収集証拠排除法則〜

　この点、最判昭和53年9月7日刑集32巻6号1672頁は、最高裁判所として初めて、違法収集証拠排除法則を採用し、「証拠物の押収等の手続に、憲法35条及びこれを受けた刑訴法218条1項等の所期する令状主義の精神を没却するような重大な違法があり、これを証拠として許容することが、将来における違法な捜査の抑制の見地からして相当でないと認められる場合においては、その証拠能力は否定されるものと解すべきである。」旨宣明した（『判例から学ぶ捜査手続の実務「捜索・差押え、違法収集証拠排除法則編」』⑧事例）。

最近、「留置き」の適法性を判断するに当たり、**「純粋に任意捜査として行われている段階」（純粋な任意捜査段階）と「強制採尿令状の執行に向けて行われた段階」（強制手続への移行段階）**とに分けて、その適否を慎重に判断した裁判例が登場している⁽⁵⁾。その適法性の判断基準は二分説（論）ともいわれ、捜査実務に対する指針といえるもので、捜査現場に対する影響も極めて大きいものがあると考えられる。

そこで、本稿においては、**「留置き」は、どのような場合に任意捜査として許容されるか、許容されるとしてもいかなる限界があるのか**について、まず、「純粋な任意捜査段階」と強制採尿令状の発付・執行に向けて行われた「強制手続への移行段階」の各段階に

（4）　警職法第3条第1項第1号該当者（精神錯乱又は泥酔のため、自己又は他人の生命、身体又は財産に危害を及ぼすおそれのある者）。

（5）　東京高判平成21年7月1日判タ1314号302頁（⇨本書②事例）、東京高判平成22年11月8日判タ1374号248頁（⇨本書③事例）。

おける「留置き」のあり方について、捜査実務（現場）での留意点を述べる。

　そして、「留置き」の適否の判断基準として、二分説（二分論）という新たな判断枠組を打ち出した、東京高判平成21年7月1日判タ1314号302頁（以下「平成21年東京高裁判決」という。）、東京高判平成22年11月8日判タ1374号248頁（以下「平成22年東京高裁判決」という。）について、事案の概要及び判旨をそれぞれ詳しく紹介する。

　次に、これらの裁判例を理解する前提として、留置きが任意捜査として許容される限界について判断した最決平成6年9月16日刑集48巻6号420頁（以下「平成6年最高裁決定」という。）について、強制捜査への移行の見極めの遅れの問題を中心に検討する。

　さらに、これらを踏まえ、留置きの適否をめぐる判例（裁判例）として、最判昭和61年4月25日刑集40巻3号215頁（以下「昭和61年最高裁判決」という。）、東京高判平成20年9月25日東京高裁判決時報59巻1～12号合併号83頁（以下「平成20年東京高裁判決」という。）、東京高判平成25年1月23日公刊物未登載、刑事法ジャーナル39号128頁（以下「平成25年東京高裁判決」という。）を検討する。

　そして、最後に、強制手続への移行段階における「有形力の行使の許容限度」を検討するため、最決昭和51年3月16日刑集30巻2号187頁（以下「昭和51年最高裁決定」という。）及び同決定を踏まえて、平成21年東京高裁判決及び平成22年東京高裁判決との関係を紹介し、捜査実務（現場）におけるあるべき対応に及ぶこととする。

第1

留置きをめぐる判例（裁判例）の
エッセンスから学ぶ捜査実務のあり方 ───

1 「留置き」の擬律判断につき捜査実務（現場）への提言

1 捜査実務上、極めて明快な判断基準としての二分説（論）

(1) 留置きの判断につき、総合説と二分説（論）

覚せい剤使用事犯の証拠収集保全には、覚せい剤使用の嫌疑が濃厚な対象者からの採尿が不可欠であるが、強制採尿は、「犯罪の捜査上真にやむをえないと認められる場合には、最終的手段として」（最高裁昭和55年10月23日第一小法廷決定刑集34巻5号300頁、『判例から学ぶ捜査手続の実務』152頁。以下「昭和55年最高裁決定」という。）なされるべきものであるから、まず、説得の上、任意採尿を求めるための方途を講ずることになる。

採尿には、所定の採尿用容器を用いるため、その状況につき任意性の確保のための証拠保全上、職務質問等の場所を管轄する警察署に同行を求めるのが通例である。職務質問等における対象者の諾否の態様により、通常、留置き場所は、2つに分けられる。

1つは、警察署への任意同行そのものに応じたが、その後の任意採尿の説得には容易に応じないため、警察署に留め置いて説得を継続するというものである。

2つは、平成6年最高裁決定の事案にみられるように、警察署への任意同行そのものに応じないため、職務質問現場に留め置いて、説得を継続するというものである。

すると、説得には必然的に、一定程度の時間を要することになるが、任意採取に応じない場合には、最終的には強制採尿令状請求という強制捜査に移行することになる。

そこで、悩ましい問題として、**覚せい剤使用の嫌疑が濃厚な対象者が任意採尿の求めに容易に応じないとき、強制採尿令状の請求・発付、そして執行までの間に、職務質問現場に、あるいは警察署（取調べ室）に留め置くことがいかなる限度で許容されるか**、任意捜査の限界の問題がある。

これまでの裁判例の多くは、職務質問等による捜査の端緒から強制採尿令状の執行に至るまでの捜査の経過、具体的には、嫌疑の程度、問題とされた留置きの時間・場所・その態様、有形力行使の程度（対象者の退出行動、これに対する捜査員の対応）、外部との接触状況（家族、知人、弁護人等）、令状請求時間との関連性等を考慮して、留置きの必要性、緊急性等の相関関係の中で全体を総合して、その違法性の程度が令状主義の精神を没却する重大なものか否かが判断されてきたといってもよい。

これを**総合考慮説**というかどうかは別として、これらの総合考慮説と対照的に現れた判断手法が、「純粋に任意捜査として行われている段階」（純粋な任意捜査段階）と「強制採尿令状の執行に向けて行われた段階」（強制手続への移行段階）とに分けるという**二分説**

プラス・アルファ

池田修・前田雅英『刑事訴訟法講義（第5版）』115頁も、「任意捜査の限界が問題となる局面の1つとして、任意同行がある。被疑者を取り調べるため、任意の同行を求める形で警察署への出頭を求めるものである。被疑者が任意に応じることが必要であるため、その者の同意ないし承諾の有無（意思内容）が重要な考慮要素になる。ただ、同意といっても、積極的な承諾がある場合から、消極的認容にすぎない場合まで幅がある。また、当初は積極的に承諾していたが、その後の手続が進んでいく中で、消極的認容や拒否に変わる場合もある。任意同行の当初の段階であれば、警察署まで同行することについて積極的承諾がある場合はもちろん、消極的認容にすぎない場合でも許されるであろうが、段階が進み、被疑者の自由への制約が大きくなると、消極的認容では許されなくなり、さらには、積極的承諾があっても任意捜査としては許されない段階に至ると考えられる。したがって、任意捜査の限界を判断する際には、時間軸も意識しつつ、同意の有無という二者択一的判断ではなく、被疑者の意思を具体的に考慮した上、当該捜査手法のその段階における侵害性の種類・程度、事案の重大性・嫌疑の程度、捜査の必要性・緊急性等と併せ総合的に考慮する必要がある。」としている。

また、田村政喜『刑事訴訟法判例百選（第9版）』（2011年）15頁も、「任意同行およびこれに引き続く任意取調べが実質的な逮捕に当たるかどうかの判断基準としては、①同行を求めた時刻・場所、②同行の方法・態様、③同行を求める必要性、④被疑者の属性（年齢・性別等）、⑤同行後の取調べの時間・場所・方法、その間の監視状況、⑥被疑者の対応状況、⑦捜査官の主観的意図、⑧逮捕状の準備の有無等の諸状況を総合考慮して客観的に判断するものとされている。有形力の行使との関連では、有形力の行使を伴えば常に実質的な逮捕となるわけではなく、他方で、有形力を行使しなくても実質的な逮捕とみられる場合がある。」としている。

（**論**）の考え方に基づくものである。

この二分説（論）は、様々な態様の対象者に対処する捜査現場（捜査員）から見ると、極めて明快な判断基準となり得るものである。確かに総合考慮説は、捜査の経過において生じた諸般の事情等、捜査手続全体を相関関係の中で総合考慮するため、当該事案に対する裁判時点における"事後的判断"としては説得力あるものではあるが、覚せい剤使用者特有の徴表を踏まえつつ、変転流動する捜査現場において、最終的には捜査幹部（刑事課長、銃器薬物担当課長等）が捜査指揮するとしても、直接、現場活動に当たる捜査員は、経験の浅い地域警察官も含め、必ずしも薬物捜査に習熟していると限らないことからすると、その時々の対応において、これらの総合要素を十分に踏まえた上で、その対応を的確に果たし得るとは必ずしもいえない側面がある。

これに対し、二分説（論）では、まず、第1段階である強制採尿令状請求準備前である**「純粋に任意捜査として行われている段階」**において考慮すべきは、

　　　○　対象者の覚せい剤使用の嫌疑を客観的なものとして認識し（異常な言動、注射痕、

注射器・パケ等）、

　　○　任意の説得をどの時点で見切って、強制採尿令状請求・発付・執行のための「強
　　　　制手続への移行段階」に移るべきかの見極めをなすこと

にある。この段階における説得の見切りと強制手続への移行の見極めは、たとえ薬物捜査
に対し経験の浅い地域警察官などであったとしても、判断に窮することはないものといえ
よう。

　　ちなみに、採尿と類似の問題として、交通取締りの現場において、飲酒運転の嫌疑のある者
　が身体に保有するアルコールの程度を検査するための呼気検査に応じない場合、これに応ずる
　よう説得し、説得に応じない場合は説得継続を断念し、呼気検査拒否罪（道交法67条３項、同
　法118条の２）で現行犯逮捕し、血中アルコール検査のための強制捜査（身体検査令状・鑑定
　処分許可状）に移行し、事件を立件している。したがって、第１段階である「純粋に任意捜査
　として行われている段階」においては、いつ任意採尿の説得を見切って、「強制手続への移行
　段階」に移るかの判断は、さほど困難なことではないと考えられる。

　　次に、第２段階においては、**強制採尿令状請求・発付・執行の過程で、任意採尿を拒否
している対象者を留め置いている**ことから、この段階で問題となるのは、

　　○　対象者が退出を求めた場合、退出阻止のための有形力の行使をいかなる段階でな
　　　　し得るか

である。その判断が重要となるが、この段階における判断の基底となるのが、最高裁昭和
51年３月16日第三小法廷決定刑集30巻２号187頁（以下「昭和51年最高裁決定」という。）
であり、また類似の裁判例を踏まえて、その対応が可能となるといえよう。

　　このように２つの段階を明確にすることで、いわば捜査手続上の視点を変えることが可
能となり、事後に予定される当該令状の発付・執行により、それまで不確定であった留置
きの終期も明確になるため、二分説（論）は、実務的には優れた基準であると考えられる。

(2)　二分説（論）が明言された経緯
　　ア　二分説（論）の先駆けとなった判示が、平成20年東京高裁判決（⇨本書[7]事例）
　　　　である。同判決は、覚せい剤使用の嫌疑のある者を職務質問の現場に約３時間留め
　　　　置いた行為は、説得行為としての限度を超え、任意捜査として許容される範囲を逸
　　　　脱したものとしながら、その違法性の程度は令状主義の精神を没却するような重大
　　　　なものではないとして、尿の鑑定書の証拠能力を認めたものである。

　　注目すべきは、判決末尾に「付言すると」として、「覚せい剤使用の嫌疑が濃厚な被告人らにつき、警察官が令状請求の手続をとり、その発付を受けるまでの間、自動車による自由な移動をも容認せざるを得ないとすれば、令状の発付を受けてもその意義が失われてしまう事態も頻発するであろう。本件のような留め置きについては、裁判所の違法宣言の積み重ねにより、その抑止を期待するよりは、令状請求手続をとる間における一時的な身柄確保を可能ならしめるような立法措置を講ずることの方が望ましいように思われる。」と述べた部分である。

イ　そして、この問題提起に対する解釈論による解答案として登場したのが、平成21年東京高裁判決（⇨本書2事例）である。同判決は、強制採尿令状請求を前提になされる留置きにつき、「純粋に任意捜査として行われている段階」と、強制採尿令状の発付・執行に向けた「強制手続への移行段階」に分けてその適否を判断する「二分説（論）」を初めて採用した。

　　なお、同判決も、「最後に付言すると」として、「強制手続への移行段階における留め置きであることを明確にする趣旨で、令状請求の準備手続に着手したら、その旨を対象者に告げる運用が早急に確立されるのが望まれる」としていることである。

ウ　最後に、平成20年東京高裁判決の解釈論による解答案として、また、平成21年東京高裁判決の付言を踏まえて、更に応えたのが平成22年東京高裁判決（⇨本書3事例）である。

　同判決は、平成21年東京高裁判決の採用した二分説（論）を、「強制手続への移行段階」においては、「予め採尿を行う医師を確保することが前提となり、かつ、同令状の発付を受けた後、所定の時間内に当該医師の許に被疑者を連行する必要もある。したがって、令状執行の対象である被疑者の所在確保の必要性には非常に高いものがある」ことから、**「強制採尿令状請求が行われていること自体を被疑者に伝えることが条件となるが、純粋な任意捜査の場合に比し、相当程度強くその場に止まるよう被疑者に求めることも許されると解される。」** としたのである。

　そして、「強制採尿令状の請求に取りかかったということは、捜査機関において同令状の請求が可能であると判断し得る程度に犯罪の嫌疑が濃くなったことを物語るものであり、その判断に誤りがなければ、いずれ同令状が発付されることになるのであって、いわば**その時点を分水嶺として、強制手続への移行段階に至ったとみるべきものである。** したがって、依然として任意捜査であることに変わりはないけれども、そこには、それ以前の純粋に任意捜査として行われている段階とは、性質的に異なるものがあるとしなければならない。」との論理付けを図り、ここにおいて二分説（論）の内容が明らかになったというべきである。

(3) 覚せい剤事犯の特殊性を踏まえた、二分説（論）の妥当性

　覚せい剤事犯の捜査現場で、覚せい剤使用の嫌疑が濃厚な対象者（一般に顔が青白く、頬もやせこけ、ぎらぎらしたような目つきなど薬物常習者特有の表情、時には幻覚・幻聴等の影響で支離滅裂な言動もある。）は、覚せい剤の親和性により常習性（特に、再犯者は刑事手続上の知識を有している。）、中毒性を帯びていることが多いことを併せて考慮すると、必然的に、任意捜査の段階において、薬物の影響が全くない一般人のその対応とは異なる困難な対応が迫られることがある。特に、平成21年東京高裁判決の被疑者は、覚せい剤取締法違反により6度も服役しており、いわば警察対処につき場慣れし、また刑事手続について知識を有する者であったばかりか、その取調べ室での振舞いに異様なものがあり、薬物の影響が多分に及んでいたものとみるのが自然である。

　すると、「(2)二分説（論）が明言された経緯」で紹介した東京高裁の裁判例は、実務上問題視されてきた覚せい剤事犯の特殊性を踏まえて、捜査実務を踏まえた具体的妥当性を目指し、あえて判決に「付言」意見を付してまで、新たな判断枠組みを示したものと考えられる。

　また、これらの判決は、いずれも東京高裁においてなされていることから、必然的にその裁判の重みもあり、二分説（論）がどのように定着するかは、今後を待つことになる。

　このように、**二分説（論）は現場の捜査官にとって、各段階において、捜査手続上の判断をなすに際し明確な基準たり得る**、優れた基準であり、これにより覚せい剤使用事案に対して、より一層適正な捜査手続をなし得るものと考えられる。

プラス・アルファ

　平成22年東京高裁判決等の採用した二分説（論）に対し、賛否異なる学説があるため、これを簡潔に紹介する。

　1つ目の説は、令状請求手続をとる間における一時的な身柄確保を可能ならしめるような立法が賢明であるとする立場である（大澤裕「強制採尿に至る被疑者の留め置き」研修770号15頁）。

　この見解は、純粋任意段階と強制移行段階との区別は、強制採尿令状執行に至る被疑者留置きの適法性判断において、一定の有用性を持ち得るとしつつも、「見方を変えれば、『強制移行段階』というラベルを得た留め置きが、現実のニーズに応えるため、任意処分の枠を超え『準強制処分』に姿を変える危険を示唆しているともいえなくはない。」との見解のもとで、「移動の自由に対する数時間単位の制約が手続構造上不可避的に必要とされる問題の性格と、同種の問題の発生頻度に鑑みると」、平成20年東京高裁判決が「示唆する立法による対応の方がより賢明であるようにも思われる。」としている。

　同様な視点から、「なるほど、憲法35条の根底にある自由制約の原理からすれば、嫌疑の濃厚さ、自由制約の必要性、緊急性の高さによっては、高度の自由の制約も、逮捕にいたらない限り許される場合があると思われるが、しかし、刑訴法198条1項但書は『被疑者は、逮捕又は勾留されている場合を除いては、……出頭後、何時でも退去することができる。』と定めており、平成21年東京高裁判決のような立場をとった場合、この規定との抵触をいかにして回避できるのかということが問題となろう。また、警察官が対象者の退出行為に対してとる対応の微妙な相違によって、留め置きが適法となったり違法となったりするようにも思われる。したがって、こうした令状入手と留め置きの問題に対しては、立法により解決を図るのが妥当であると解する。」と述べる見解は、この立場である（柳川重規「判例批評」刑事法ジャーナル27号102頁）。

　2つ目の説は、二分説（論）を否定的に捉える立場である。この見解は、平成22年東京高裁判決につき、「たしかに、事実問題として令状請求が却下される可能性はきわめて低く、令状請求じたいに事実上の重みがあることは否定できないが、現行刑事訴訟法の解釈として、令状請求を『分水嶺』とする『移行段階』から『相当程度強［い］』有形力行使を許容する論理を導くのは無理ではないか。」と批判的な見解である（白取祐司『平成23年度重要判例解説』179頁）。

　3つ目の説は、強制採尿令状請求に着手したら、その旨を対象者に告げる運用を確立することで、二分説（論）を肯定的に捉える立場である。

　この見解は、平成21年東京高裁判決の事実関係に示されているように、被告人は、「『刑事手続きについて豊かな知識を有する者』である。このような者に、令状請求後でも、短時間で釈放しなければならないとすれば、著しく不当な結論にいたる。強制採尿令状には、逮捕状、勾留状等のような緊急執行の規定も存在していないのであって、本件のような留め置きが違法と判断されれば、令状発付後でも捜査官はいかに薬物使用の嫌疑が高い被疑者であっても、一旦は釈放せざるを得なくなるのである。」として、現実の捜査を踏まえ、令状請求着手を対象者に告げる運用のもとで、賛意を示している（前田雅英『警察学論集』64巻5号155頁）。

2　二分説（論）を踏まえた捜査実務のあり方

　ここからは、(1)「純粋に任意捜査として行われている段階」と(2)強制採尿令状の発付・執行に向けて行われた「強制手続への移行段階」とに分けて、捜査実務のあり方を検討し、捜査実務に資するべく捜査現場に提言したい。

(1)　「純粋に任意捜査として行われている段階」

　ア　任意採尿に応じる場合の留意点

　純粋に任意捜査として行われている段階では、警ら中において、覚せい剤使用容疑のある者の発見、あるいは覚せい剤の影響とみられる言動等のある不審者の通報、あるいは交通事故の通報等により、職務質問を契機として所持品検査により注射器等を発見し、また

は腕の注射痕を確認し、その風体、言動と相まって、覚せい剤使用が濃厚と認めた場合、対象者の覚せい剤使用容疑を明らかにし証拠収集保全のために、任意に尿の提出を求めることになる。

　任意に応ずる対象者にあっては、警察署に任意同行して、警察署で任意採尿を求めることになる。その場合の採尿手続は、まず被疑者に自ら容器を水洗いさせた後、採取した尿の容器に採尿年月日を記入し署名指印させた用紙を貼付・指印で封印させ、その一連の状況を写真撮影し、提出した尿と鑑定に供した尿との同一性を確保する措置を講じることにより、証拠保全を図ることになる。

　もっとも、任意採尿には応じても、その後の提出された尿の容器に被疑者の署名指印を拒否することもあるが、鑑定資料たる尿と提出された尿の同一性を明確にするためには、その方法が最も確実な方法であることは否定し難いとしても、唯一絶対の方法ではない。

　仮に、被疑者が尿の容器への署名指印を拒否した場合は、これに代わる他の方法として、例えば、被疑者に代わって捜査員が容器を封印した上、被疑者が署名指印を拒否した旨を付記して、当該捜査官がこれに署名押印するとともに、別途、その状況につき明確、かつ具体的な報告書の作成と、任意採尿の場合に、通常撮影される被疑者の排尿状況の写真とともに採尿状況報告書を作成することで、尿の同一性を立証することが可能である。

プラス・アルファ

　このことを明示したのが浦和地判平成元年12月21日判タ723号257頁である。同判決は、被疑者が尿の容器への署名指印を拒否した場合につき、「かかる方法をとってもなお、尿の同一性につき裁判所が誤った判断に到達するというような事態は、事実上想定し難いというべきである。」として、「本件においては、被告人が、一旦任意にポリ容器内に排出した尿を捜査官に提出しているのであり、また、捜査官は、排尿の状況を写真に撮影したと認められるのであるから、その後被告人が容器への署名指印を拒否したとしても、右に述べたような措置を講ずることによって、尿の同一性に関する後刻の紛争に備えることが十分可能であったと考えられる。」と判示した。

　その上で、「本件において、被告人が排尿した容器への署名指印を拒否したというだけでは、『犯罪の捜査上真にやむをえないと認められる場合』における『最終的手段』として、強制採尿が法律上是認されることにはならないというべきである。」として、「本件強制採尿は、捜査官において、その必要性に関する判断を誤った結果、嫌がる被告人の抵抗を排除して強行した点で、違法があるというほかない。」と結論づけた。

　もっとも、本件強制採尿は、裁判官の令状に基づくものであり、強制採尿実施の必要性に関する捜査官の誤った判断は、無用の紛争をできる限り防止したいという配慮に基づいたものであることなどを考慮し、「本件強制採尿は、何ら必要性がないのに実施されたというものではないことなどの諸点に照らすと、強制採尿の必要性に関する前記のような捜査官の判断の誤り

は、いまだ、このことの故に、尿の鑑定書の証拠能力を否定しなければならない程重大なものであるとはいえない。」として、鑑定書の証拠能力は認められた。

したがって、任意採尿に応じたが、その後の容器への署名指印を拒否した場合は、このような対応をすべきである。

　イ　任意採尿の説得を継続する場合の留意点

他方、対象者の態様は様々であり、素直にこれに応ずるとは限らない。むしろ、覚せい剤使用事犯の発覚を恐れて、任意採尿を拒絶することが多い。

そこで、その場で職務質問することが本人に対して不利であり、または交通の妨害となるとして、警察署に同行を求めても（警職法２条２項）、これに応じない者に対しては、安全な場所を確保してその質問現場に留め置いて任意採尿を求めるため、説得を継続することになる。

また、警察署への任意同行には応じたが、尿の任意提出に対しては、これを拒む場合は、警察署（取調べ室など）に留め置いて説得を継続することになる。しかし、任意採尿に応じないからといって、直ちに強制採尿に移行することはできない。なぜなら、強制採尿は人の身体に対する侵襲であることから、昭和55年最高裁決定が示したように、「医師をして医学的に相当と認められる方法により行わせなければならない旨の条件の記載した」捜索差押許可状のもとでなされなければならず、同令状発付の要件として、**被疑事件の重大性、嫌疑の存在、当該証拠の重要性とその取得の必要性、適当な代替手段の不存在等の事情に照らし、犯罪の捜査上真にやむをえないと認められる場合**には、最終的手段として、適切な法律上の手続を経てこれを行うことも許されてしかるべきであり、ただ、その実施にあたっては、被疑者の身体の安全とその人格の保護のため十分な配慮が施されるべきもの」とされているため、その要件を具備していることを疎明しなければならないからである。そこで、この段階で留意すべきことは、時間的にどの限度まで説得を続けるかということである。

　ウ　強制手続に移行する場合の留意点

覚せい剤使用事犯の場合、対象者の風体・言動、注射痕の存在、注射器・パケ等から覚せい剤の容疑を客観的に認識したならば、**その説得状況からして、どの時点で説得を断念するか（見切りをつけるか）**が、重要なポイントである。無用な説得を続け、無用な時間を徒過することは、違法な留置きと評価されることになる。そして、説得を断念した場合は、**対象者に裁判官からの強制採尿令状を得て、採尿に移行することを明確に告知する**ことである。その場合に疎明すべきことは、対象者の言動（覚せい剤の影響が認められる表情・動作、例えば「俺は絶対に応じないぞ、欲しければ令状を持って来い」などの言動等

客観的状況)、注射痕の存在、注射器・パケ等の存在である。

　この点、捜査実務において、強制採尿令状を請求するに際して、その条文上の根拠がないため、当該令状を請求中であることまで、必ずしも被疑者に伝えることはしていない。しかし、次の段階である強制採尿令状の発付・執行に向けて行われた「強制手続への移行段階」における対応として、平成22年東京高裁判決が述べるように、相当程度強くその場に止まるよう被疑者に求めることができるためには、その条件として強制採尿令状請求が行われていること自体を被疑者に伝えることが必要となるのである。**この告知を被疑者に行うことで、事後になされる留置きが、令状主義の諸規定を潜脱する意図がなかったことの証左ともなり得る**のである。また、この告知は、被疑者に対し、裁判官の関与（処分の正当な理由と必要性）がなされることを知らしめることにより、任意捜査から強制捜査手続に移行したことを理解させるとともに、捜査員にとっても、当該手続への移行という意識の転換が図られ、速やかな令状請求事務を促進する効果も生ずる。

　そして、留置きにおいて、強制手続に移行するための見極めの判断の指針を与えたのが、平成6年最高裁決定である。同決定のいうように、「職務質問を開始した当時、被告人には覚せい剤使用の嫌疑があったほか、幻覚の存在や周囲の状況を正しく認識する能力の減退など覚せい剤中毒をうかがわせる異常な言動が見受けられ」たことなどの事情が認識できたにもかかわらず、捜索差押許可状の執行が開始されるまでの間、約6時間半以上（強制手続への移行段階前の純粋な任意捜査段階でみると約4時間16分となる。）、本件現場に留め置いた措置は、「覚せい剤使用の嫌疑が濃厚になっていたことを考慮しても、被告人に対する任意同行を求めるための説得行為としてはその限度を超え、被告人の移動の自由を長時間にわたり奪った点において、任意捜査として許容される範囲を逸脱したものとして違法」とされたことを踏まえると、その見極め時期を適切に判断する必要があるといえる。このように、平成6年最高裁決定は、強制採尿令状を請求して強制捜査に移行するか、そのまま解放するかについての警察官の見極めが遅れたため、令状に基づくことなく移動の自由を長時間奪った点において違法とされ、警察官に対し、迅速かつ適切な対応を求めたものといえるのである。

プラス・アルファ

　もっとも、車両を利用している場合にあっては、覚せい剤使用による影響での幻覚や周囲の状況を正しく認識する能力の減退などにより、道路交通上の危険防止という観点から、運転車両のエンジンキーを取り上げる行為は、職務質問を行うため停止させる方法として必要かつ相当な行為であるのみならず、道交法第67条第4項に基づき交通の危険を防止するため採った必要な応急の措置に当たるということができるから、このような措置を構ずることも念頭におく

> べきである。

　ちなみに、平成21年東京高裁判決の事案において、純粋に任意捜査として行われている段階における留置き時間（取調べ室に入室して強制採尿令状の請求準備が開始されるまでの時間）は30分程度であり、平成22年東京高裁判決の事案においては、職務質問から強制採尿令状の請求準備が開始されるまでの時間は40分程度であり、そこには的確な見極めがなされているといえる。したがって、純粋に任意捜査として行われている段階における留置きの適否は、対象者に即応した的確な見極め判断が重要となるのであり、その判断が適切になされていれば、この段階での留置きが違法視されることはないといえる。

(2)　強制採尿令状の発付・執行に向けて行われた「強制手続への移行段階」

　強制採尿令状の発付・執行に向けて行われた「強制手続への移行段階」においては、同令状請求のための疎明資料を整え、内部的決済を経て、裁判所に令状請求・発付、そして令状執行という手順を踏まえるが、その間、令状請求に当たり事前に医師の確保（警察医に依頼、警察医によりがたいときは他の医師に依頼）の必要もあり、遠隔地の警察署にあっては移動距離等を勘案すると約3、4時間程度、複数の被疑者が存するときは、それ以上の時間を要することもある。そうすると、この間、職務質問の現場に、あるいは警察署（取調べ室など）に、被疑者を留め置く必要がある。この間に被疑者が退出を申し出た場合、その退出の意思に反して、なお留め置くことができるか。留め置くために行使した有形力行使の適否の問題が生ずる場面となる。

　留置きのために行使された有形力の行使の適否が問題となった場合、強制手続への移行段階といっても、なお任意捜査の段階にあるから、その判断の指針となるのは、強制処分と任意処分の限界について、任意捜査における有形力の行使について判断した昭和51年最高裁決定である。

　昭和51年最高裁決定が判示するとおり、任意捜査において有形力の行使が許容される要件は、「個人の意思を制圧」するに至らない程度の有形力の行使である。しかし、その場合であっても「何らかの法益を侵害し又は侵害するおそれがあるのであるから」、「状況のいかんを問わず常に許容されるものと解するのは相当でな」いから、それは**必要性、緊急性なども考慮したうえ、具体的状況のもとで相当と認められる限度において許容される**」のである。

　このことは、本書「9任意捜査において許容される限度内の有形力の行使と認められた事例～強制採尿令状の発付・執行に向けた「強制手続への移行段階」における「有形力の行使」の限界を考える手がかりとして～」及び「10昭和51年最高裁決定を踏まえ、平成

21年東京高裁判決及び平成22年東京高裁判決について、強制採尿令状の発付・執行に向けた「強制手続への移行段階」における「有形力の行使」の許容限度の検討」で詳しく述べている。

　ア　取調べ室からの退出阻止行為

　覚せい剤使用の嫌疑が濃厚な被疑者を警察署に任意同行し、取調べ室に留め置いて任意採尿を説得するのが一般である。平成21年東京高裁判決における捜査員のとった取調べ室からの退出阻止行為のための対応は、実務上も一つの参考事例となる。[6]

　平成21年東京高裁判決は、丙川警部補らの説得に対し、被告人Xは言を左右にして任意採尿に応じようとせず、再三、退出しようとしたのに対し、丙川警部補らがXを本件取調べ室内に**留め置くために行使した有形力は**、退出を試みるXに対応して、その都度、Xの前に立ち塞がったり、背中で押し返したり、Xの身体を手で払う等といった**受動的なものに留まり**、積極的に、Xの意思を抑圧するような行為等はされていない、と評価している。

　これは、Xの取調べ室からの退出行為に対し、丙川警部補らのとった有形力の行使による阻止行為による留置きは、Xの場所的な行動の自由が制約されているとして、それはあくまで受動的なものとみて（したがって、能動的、積極的なものではない。）、それは強制採尿令状の執行に向けて、**対象者の所在確保のための必要最小限度のもの**にとどまり、「個人の意思を制圧」するに至らない程度の有形力の行使であり、任意捜査の許容範囲にあると判断されたのである。

　そして、その**背景事情**として、Xは、長女をK警察署に呼び寄せ、希望する飲物や筆記用具を本件取調べ室内に持ち込ませるなどしたほか、X自ら重病という妻をわざわざ自宅から呼び寄せて、本件取調べ室に入室させ、既に通常の病院の診療時間ではないのに、病院に連れていく必要があるから帰らなければならないなどと繰り返し訴える一方、取調べ室に入室後、強制採尿令状を示されるまで、警察官から携帯電話機の充電器を借用するなどした上、動画撮影を行う一方、50回以上も外部と携帯電話で通話し、その合計時間は約80分に及んでいるという、取調べ室での異様な行動が、そのような判断を導いたものといえる。

　本件における令状請求準備から同令状執行までに要した時間は、約2時間58分であり、実務上極めて迅速な対応といえるし、その間のXとの攻防において、Xに対する前述のよ

（6）　この点、前田雅英「警察官のための刑事基本判例講座（第20講）」『警察学論集』64巻5号154頁は、平成21年東京高裁判決につき、「『留め置き』について、令状請求した後の場合と純然たる任意捜査の段階のそれに分け、前者のような『強制手続への移行段階』においては、所在確保の必要性がより高いことに着目し、対象者の意に反することが明らかな場合でも、一定限度の有形力を伴う留め置き行為を適法とした点で、理論的な意義があるといえる。純然たる任意捜査に際して許される有形力（最決昭51年3月16日刑集30巻2号187頁参照）より強度のものが認められるとしたのである。」と評している。

うな配慮（判決はこれを「警察官らは、本件取調室内で、被告人と長女や妻との面会や、飲食物やその他必要とされる物品の授受、携帯電話による外部との通話も認めるなど、被告人の所在確保に向けた措置以外の点では、被告人の自由が相当程度確保されており」と判示しており、それらが考慮要素であったことがうかがわれる。）が重視されたものである。

　ところで、更に検討すべきは、刑訴法第198条第１項ただし書が、逮捕・勾留されていない被疑者について、「出頭を拒み、又は出頭後、何時でも退去することができる。」として、退去の自由を規定していることである。同行または同行後の退去が拒否し得ない状態になれば、その時点から実質上逮捕となる。[7]

　この点、平成21年東京高裁判決は、当該有形力の行使につき、「積極的に、被告人の意思を抑圧するような行為等はされていない」と判示しており、そのことはＸのかかる背景事情等を総合して、Ｘの退去を拒否し得ない状態にあるとはみていないことは明らかである。

　その意味で、本判決は留置きにおける有形力行使につき、それが受動的なものにとどまるとの具体的判断をしたことに、実務上、類似事案における一つのリーディングケースたり得るといえるのである。その際、併せて必要なことは、**なお任意性が確保されていることの証左として、取調べ室内での具体的動静（携帯電話での外部との会話、ときには飲食物の摂取など）、あるいは喫煙を申し出た場合には、支障のない限りの範囲でなされた署内外における喫煙の状況等を明らかにしておくことである。**

　　イ　職務質問の現場における留置き

　職務質問の現場における留置きは、車両使用の場合が一般である。そこで、車両と共に留置きする場合、移動の自由を奪った（拘束した）との疑念を抱かせないよう被疑車両と警察車両との位置関係に留意することが重要である。

　この意味で平成22年東京高裁判決は、実務上も一つの参考事例となる。

　平成22年東京高裁判決の事案では、駐車しているＸ車両のすぐそばにいるＸとは約４、５メートル距離を置いて取り巻いたり、Ｘが車両に乗り込んだ後は、１、２メートル離れて同車両の周囲に位置し、さらに同車両の約2.5メートル手前に警察車両を駐車させ、Ｘからの「まだか。」などとの問い掛けに対して、「待ってろよ。」と答えるなどして留置きを行っている。

　この留置きにつき、判決も「被告人の意思を直接的に抑圧するような行為等はなされておらず、駐車車両や警察官が被告人及び被告人車両を一定の距離を置きつつ取り囲んだ状

（7）　松尾浩也監修『条解刑事訴訟法（第４版）』（弘文堂、2009年）376頁。

態を保っていたこと」からみて、強制採尿令状の請求手続が進行中であり、「被告人の所在確保の要請が非常に高まっている段階にあったこと」を考慮し、留置きに伴う必要な最小限度のものにとどまっていると評価できるとした。

　そして、平成22年東京高裁判決における「強制手続への移行段階」に至った後の留置き時間について、令状請求を決意し請求準備を経て、その後令状執行までは約3時間21分という時間であり、一般にこれらの手続に約3、4時間程度を所要するのが通例である。この点、判決も「手続の所要時間として、特に著しく長いとまでは認められない」と述べているとおりである。

　そこで、実務上、令状請求準備を経て、その後の令状執行までの**車両に対する留置きについては、あくまで被疑者の動静を監視するとの視点で、移動の自由を奪った（拘束した）との疑念を抱かせないよう被疑車両と警察車両との位置関係に留意しつつ、その間における捜査員との会話の状況、車内における被疑者の具体的動静（捜査員との会話状況、喫煙、携帯電話あるいは同乗者との会話、カーナビ機能装置でのテレビ鑑賞など）を明確にしておく必要がある**といえる。

　加えて、覚せい剤使用の影響により覚せい剤中毒をうかがわせる異常な言動が見受けられ、かつ、運転を継続させると道路交通上の危険が認められるときは、**道交法第67条第4項に基づき交通の危険を防止するために採った必要な応急の措置**として、運転者に対するエンジンキーの取上げも相当な手段たり得るから、かかる措置にも考慮すべきである。

第2

強制採尿令状の発付・執行のための留置き
行為の適法性が争われた主要（裁）判例 ─────

2 任意採尿のための説得及び強制採尿令状の請求と取調べ室への留置きについて、留置きが純粋に任意捜査として行われている段階と、強制捜査令状の執行に向けて行われる段階とを分けて検討するとした上で、留置き行為等は任意捜査として許容される範囲を逸脱したものとはいえないとされた事例

〈東京高裁平成21年7月1日判決　判タ1314号302頁〉

　それでは次に、「**純粋に任意捜査として行われている段階**」と「**強制採尿令状の執行に向けて行われた段階**」とに分け、留置きの適否を判断した裁判例を検討する。

　なお、本裁判例の理解の前提となる最決平成6年9月16日については、本書4事例にて詳述するため、この重要判例の理解が十分でない方は、事前に確認していただきたい。

　留置きについて、初めて「純粋に任意捜査として行われている段階」（純粋な任意捜査段階）と「強制採尿令状の執行に向けて行われた段階」（強制手続への移行段階）とに分けて、その任意性を判断する嚆矢となったものが、東京高判平成21年7月1日（平成21年東京高裁判決）である。

　事案は、被告人が自動車を運転中、警ら中の警察官から職務質問及び所持品検査を受けた後、警視庁K警察署まで同行され、同署取調べ室内に留め置かれた上、強制採尿令状により強制採尿された被告人の尿から覚せい剤成分が検出されたため緊急逮捕されたものである。本事案の主な争点は、強制採尿までの留置きにかかる捜査手続の適否である。

　まず、平成21年東京高裁判決が、原判決（東京地判平成21年1月20日判タ1314号311頁）を踏まえ認定した事案の概要を詳しく把握することとする。

　なお、本判決については、被告人側が上告したが、上告棄却で確定している。

┌─ **要　旨** ─────────────────────────
│
│ ①　本件留置きの任意捜査としての適法性を判断するに当たっては、純粋に任意捜査として行われている段階と、強制採尿令状の執行に向けて行われた段階（強制手続への移行段階）とからなっていることに留意する必要がある。
│
│ ②　被告人が、本件取調べ室に入室し強制採尿令状の請求準備が開始されるまでに要した時間は30分程度であり、しかも、被告人は、当初、任意提出に応じるかのような言動もしたり、長女や呼び寄せた妻の到着を待つような言動を取ったりしていたから、そのような事情があった一定時間内は、被告人が本件取調べ室内に

滞留することが、その意思に反するものではなかったといえる。また、その間やその直後に、警察官らが被告人の意思を制圧するような有形力を行使するなどしたことはうかがわれない。したがって、その間の留置き行為については、違法な点はなかったと認められる。

③　強制採尿令状を請求するためには、対象者に対する取調べ等の捜査と並行して、あらかじめ受入れ先の採尿担当医師を確保しておくことが前提となるため、当該令状請求には、他の令状請求に比べても長い準備時間を要することがあり得、当該令状の発付を受ければ、当該医師の所へ所定の時間内に連行していく必要が生じ得る。これらを前提とすると、強制採尿令状の請求手続が開始されてから、同令状が執行されるまでには相当程度の時間を必要とすることがあり得、それに伴って留置き期間が長引くこともあり得る。

　　そして、強制採尿令状の請求が検討されるほどに覚せい剤使用の嫌疑が濃い対象者については、強制採尿令状発付後、速やかに同令状が執行されなければ、捜査上著しい支障が生じることも予想されるから、対象者の所在確保の必要性は高く、令状請求によって留置きの必要性・緊急性が当然失われることにはならない。

④　本件では、警察官が、強制採尿令状請求の準備に着手した約2時間後の午後8時20分頃、同令状請求のためK署を出発して東京簡易裁判所に向けて出発し、午後9時10分に同令状の発付を受け、午後9時28分には被告人に対して同令状が呈示されており、上記準備行為から強制採尿令状が発付されるまでの留置きは約2時間40分であり、同令状執行までは約2時間58分かかっているが、これらの手続の所要時間として、特に著しく長いとまではみられない。

⑤　次に、この間の留置きの態様をみると、警察官らは、令状請求準備開始後も並行して任意採尿を促したが、被告人は、言を左右にして任意採尿に応じようとしておらず、再三、退出しようとし、他方、警察官らが、被告人を本件取調べ室内に留め置くために行使した有形力は、退出を試みる被告人に対応して、その都度、被告人の前に立ち塞がったり、背中で被告人を押し返したり、被告人の身体を手で払う等といった受動的なものにとどまり、積極的に、被告人の意思を抑圧するような行為等はされていない。

　　また、警察官らは、本件取調べ室内で、被告人と長女や妻との面会や、飲食物やその他必要とされる物品の授受、携帯電話による外部との通話も認めるなど、被告人の所在確保に向けた措置以外の点では、被告人の自由が相当程度確保されており、留置きが対象者の所在確保のために必要最小限度のものにとどまっていることを裏付けている。

> ⑥　以上を総合して考えると、本件では、強制採尿令状請求に伴って被告人を留め置く必要性・緊急性は解消されていなかったのであり、他方、留め置いた時間も前記の程度にとどまっていた上、被告人を留め置くために警察官が行使した有形力の態様も前記の程度にとどまっていて、同時に、場所的な行動の自由が制約されている以外では、被告人の自由の制約は最小限度にとどまっていたとみることができる。
>
> 　そうすると、本件における強制手続への移行段階における留置きも、強制採尿令状の執行に向けて対象者の所在確保を主たる目的として行われたものであって、いまだ任意捜査として許容される範囲を逸脱したものとまではみられないものであったと認めるのが相当である。

cf. 刑訴法第 1 条、第197条、第198条、第222条、第218条、第219条、警職法第 2 条等

▶▶▶ 事案の概要 ◀◀◀

1　職務質問及びK警察署への同行まで

(1)　被告人X（以下「X」という。）は、平成20年 4 月18日（以下、特に断りのない限り、同年月日の記載は省略する。）の午後 4 時39分頃、東京都台東区の路上で、X車両を運転中、警ら中の警視庁第二自動車警ら隊所属の甲野一郎巡査部長（以下「甲野巡査部長」という。）らから、シートベルトを着用していなかったのではないか、と停止を求められ同路上で職務質問を受け、運転免許証の提示を求められた。

(2)　甲野巡査部長は、Xの顔が青白く、頬もやせこけ、ぎらぎらとしたような目つきをしているなど、薬物常習者特有の表情をしていて、X車両の運転席付近からトランクの辺りをうろうろと歩き回ったり、周りをきょろきょろ見たりして、態度に落ち着きがなかったため、前歴照会をしたところ、覚せい剤事犯12件の前歴が判明した。そこで、さらに職務質問を続けるとともに、無線で他の警察官らにも応援を要請した。

(3)　甲野巡査部長は、Xの同意を得て、同車両を検索して、同車運転席側ドアポケット内にあるスタンガン 1 個を発見し、その携帯理由等を問いただすとともに、軽犯罪法違反の容疑で警視庁K警察署への任意同行を求めた。

　Xは、同スタンガンは自分の物ではないと声を荒げ、いきなり道路にたたきつけて壊し、両腕を振り回すようにして暴れ始めた。

　そこで、甲野巡査部長は、Xの上腕部を押さえながら、その行動を制止しようとしたが、Xが車道方向に押し出してくるため、腰ベルトに指をかけて、相勤者と共に、

Ｘを比較的安全なＸ車両の後方に連れていった。

　Ｘは、その後も興奮状態にあったが、徐々に落ち着きを取り戻してＸ車両の助手席に座った。

(4)　ほどなく、ほか数名の警察官と共に到着した警視庁第二自動車警ら隊小隊長の乙山二郎警部補（以下「乙山警部補」という。）は、Ｘ車両助手席付近路上で、Ｘの同意を得てその着衣の上から触れるなどして所持品検査を始めたが、場所が狭かったため、Ｘ車両の後方に移動して更に所持品検査を続けることにし、その際、Ｘのベルトを手でつかむなどした。

(5)　甲野巡査部長は、Ｘ車両後方に移動後、Ｘに求めて、所持品を自己の制帽の中に出させ、Ｘのズボンのベルトの内側等に隠匿している物がないかを確認するため、ベルトを緩め、ズボンのホックも外すよう求めたところ、Ｘは、ベルトを緩め、ズボンの前ファスナーも下ろし、下着のパンツを押し下げて、性器を露出させ「警察がこんなことしていいのか、公衆の目の前でこんなことしていいのかよ。」などと叫び、その後間もなく、自分でパンツとズボンを元に戻し、その後行われたＸ車両後部トランクの確認には異議なく応じた。

(6)　乙山警部補は、ＸにＫ警察署への任意同行を求め、パトカーの助手席側後部座席に乗車するよう促したところ、Ｘは「こんなことで署に行かなくちゃいけねえのか。」などと言って任意同行を渋り、パトカーの助手席側後部座席の屋根に手を突いて身体を支えるなどして乗車を拒み、現場に来ていた長女のＹ子（以下「長女」ということもある。）と、パトカー越しに話をするなどしていたが、最終的には、乙山警部補から背中を押されて促され、自ら頭を車体にぶつけないよう下げながらパトカーに乗り込んだ。

　Ｘは、パトカー内で、外にいたＹ子と窓越しに話したり、Ｋ警察署に向けて発進した後も、同車内で携帯電話を使ってＨ弁護士から助言を受けるなどしている。

　また、発進の際、警察官らが、一緒に運ぼうとしていたＸ車両のエンジンをかけられず、Ｘが始動のこつを教えてエンジンをかけることができ、午後５時40分頃、Ｋ警察署に向けて出発した。

2　Ｋ警察署到着後の状況

(1)　Ｘを乗せたパトカーは、同日午後５時50分頃、Ｋ警察署に到着した。Ｘは、携帯電話で通話したり（相手はＸの孫とみられる。）した後、歩いて同署の階段を上がり、午後６時頃、同署刑事組織犯罪対策課２号取調べ室（以下「本件取調べ室」という。）に入った。同署の丙川三郎警部補（以下「丙川警部補」という。）や丁谷四郎警部補

らは、Xに尿を任意に提出するよう求めたところ、Xは「（尿が）出たくなったら出すから、待ってろ。」などと言うものの、言を左右にして提出に応じず、注射痕の有無の確認のために腕を見せることも拒絶した。

(2)　警察官らは、午後6時30分頃、Xに対する強制採尿令状を請求する準備に取りかかり、必要な資料の準備を終えた上、午後8時20分頃、同署を出発し、午後8時45分頃、東京簡易裁判所に同令状を請求し、午後9時10分頃、その発付を受け、午後9時28分頃、K警察署内でXに同令状を示し、強制採尿のため東京警察病院に連行した。

(3)　医師が、午後11時4分頃、同病院で、上記令状に基づいてXから採尿し、担当警察官が、その尿の一部を覚せい剤検査キットに滴下したところ、覚せい剤反応が出たため、午後11時15分頃、Xを覚せい剤使用罪を被疑事実として緊急逮捕した。

(4)　Xは、緊急逮捕されると警察署への同行を拒絶し、同病院の床にしゃがみ込んで起きあがろうとしなかったため、警察官数名が横になったXの身体を抱えて連行した。

(5)　警視庁科学捜査研究所が上記の採取されたXの尿の鑑定嘱託を受け、同研究所薬物研究員が同尿を鑑定した結果、覚せい剤成分が検出されたことから、その旨の鑑定書（本件鑑定書）を作成した。

3　本件取調べ室内での留置きの状況

(1)　Xが、本件取調べ室に入室してから強制採尿令状を示されるまでの約3時間半は、本件取調べ室の出入口ドアは解放されていたが、丙川警部補ら1、2名の警察官が常時その付近に待機していた。

(2)　Xは本件取調べ室内で、H弁護士と携帯電話で通話することが許されており、同弁護士から、①警察官に公務執行妨害罪で検挙されないよう注意すべきこと、②退出する際には携帯電話でその状況を撮影すべきことなどの助言を得て、午後6時31分頃から午後8時37分頃までの間、多数回、退出の意思を表明し、携帯電話の動画撮影機能で本件取調べ室内の状況や出入口付近の状況を撮影しながら、退出しようとする行動を取った。

他方、その都度、本件取調べ室の出入口付近で監視していた丙川警部補や他の警察官が集まり、退出しようとするXの前に立ち塞がったり、背中でXを押し返したり、Xの身体を手で払うなどして退出を阻止していた。

(3)　Xは、本件取調べ室から退出することはできなかったが、出入口付近にいた警察官に身体をぶつけた際、殊更に「痛い、痛い。」などと言ったり、本件取調べ室の壁などに自ら頭部をぶつけ、それにより受傷したなどと訴えたり、退出を妨げられてよろめいた振りをして床に仰向けに転倒するなどした状況を前記携帯電話で撮影し、丙川

警部補らに対し、「おまえらにやられてけがしたと言ってやるからな。これでおれは20日でパイだよ。４連勝だよ。」などと言った。

(4)　Ｘは、本件取調べ室に入室後、強制採尿令状を示されるまで、警察官から携帯電話機の充電器を借用するなどした上、動画撮影を行う一方、50回以上も外部と携帯電話で通話し、その合計時間は約80分に及んでいる。

　　　また、Ｘは、長女をＫ警察署に呼び寄せ、希望する飲物や筆記用具を本件取調べ室内に持ち込ませるなどしたほか、Ｘ自ら重病という妻もわざわざ自宅から呼び寄せて、本件取調べ室に入室させ、既に通常の病院の診療時間ではないのに、病院に連れていく必要があるから帰らなければならないなどと繰り返し訴えてもいた。

⟪*Check Point*⟫

〈弁護人の控訴理由〉

　弁護人は、①被告人に対する職務質問等、②その後のＫ警察署への連行、③本件取調べ室での留置き、の各手続に、令状主義に反する重大な違法があり、本件鑑定書は違法収集証拠として排除されるべきであるのに、原判決は、その証拠能力を肯定して、本件鑑定書を覚せい剤自己使用の事実を認定する証拠としたから、判決に影響を及ぼすべき訴訟手続の法令違反があるなどと主張した。

▷▷▷ 裁判所の判断 ◁◁◁

1　職務質問及びＫ警察署に同行されるまでの捜査手続の適法性について

　「職務質問等を開始してから被告人をパトカーに乗車させてＫ警察署に同行するまでの捜査手続には、警察官らが被告人の背後からベルトをつかむなどして、行動の自由を一部制約したことも含まれていることがうかがわれるが、他方で、①**被告人に対する軽犯罪法違反及び覚せい剤取締法違反の嫌疑が合理的なものとして存在していたこと**、②その当時の被告人の言動、態度から粗暴な振る舞いに出るおそれもあったこと、③交通量のある道路上で、交通事故等の危険を回避する必要も認められたこと、④職務質問開始からＫ警察署への同行までの時間も約１時間と、被告人の言動や犯罪の嫌疑内容等に照らせば、不相当に長時間の職務質問等であったとはいえないこと、などを踏まえれば、任意捜査として許容される範囲を逸脱した違法なものとはいえない。」

2　Ｋ警察署到着後の捜査手続（取調べ室内での留置き等）の適法性について

　「(1)ア　前記のとおり、被告人は、午後６時ころ本件取調室に入室してから午後９時28

分ころ強制採尿令状が示されるまでの間、同室内に留め置かれ、その間、多数回に
わたり、付近の警察官に対し退出の意思を表明して本件取調室を退出しようとする
行動を繰り返し、その都度、警察官らに阻止されていた。

イ　原判決は、被告人が、入室後、いずれ尿の任意提出に応じるかのような言動をし
たり、長女や妻の到着を待つような言動をしていたから、これらの事情があった一
定の時間内は、被告人が本件取調室内に滞留していたことも、その意思に反するも
のではなかったとする一方で、その後は、被告人が専ら退出の意思を明らかにして
いたから、被告人を留め置く根拠は失われていたと評価すべきであり、警察官が、
被告人を本件取調室内に留め置いて退出を阻止する行動をとり続けた行為は、任意
捜査として許容される限度を超えた違法な身柄拘束であったと評価するしかないと
し、そのような違法な留め置きを直接利用して強制採尿令状の執行をしたことは違
法であるが、その違法の程度は令状主義の精神を没却するような重大なものではな
く、これにより収集された本件鑑定書を被告人の罪証に供することが違法捜査抑止
の見地から相当でないとまでは認められないとして、本件鑑定書を違法収集証拠と
して証拠排除すべきであるとはいえない、などと説示する。

プラス・アルファ

　原判決は東京地判平成21年1月20日判夕1314号311頁である。なお、Xの被疑者段階の勾留
に関して、平成20年4月21日付けで、違法な逮捕であるとして、勾留請求却下の裁判がなされ
た。しかし、同月22日付け準抗告審決定は、留置きを違法なものと評価しながらも、有形力の
行使は受動的なもので、また面会や物の授受、携帯電話による外部との通信が全面的に許容さ
れていたことなどを踏まえ、その違法は勾留請求を却下すべきほどに重大なものとはいえない
として、原裁判を取り消した（判夕1314号316頁）。

(2)ア　しかし、本件留め置きの任意捜査としての適法性を判断するに当たっては、本件
留め置きが、**純粋に任意捜査として行われている段階**と、**強制採尿令状の執行に向
けて行われた段階**（以下、便宜「強制手続への移行段階」という。）とからなってい
ることに留意する必要があり、両者を一括して判断するのは相当でないと解される。

　　そこで、以下の検討は、この両段階に応じて行うこととした。もっとも、原判決
も、前記準抗告審決定も、留め置きの違法の重大性を否定する根拠としては、強制
採尿令状の執行に向けて捜査が行われたことを考慮しているから、基本的な判断要
素に大きな違いがあるとは見られないものの、判断枠組みを異にしているといえる。

イ　被告人が本件取調室に入室して強制採尿令状の請求準備が開始されるまでに要し

た時間は30分程度であり、しかも、原判決……も指摘するとおり、被告人は、当初、任意提出に応じるかのような言動もしたり、長女や呼び寄せた妻の到着を待つような言動を取ったりしていたから、そのような事情があった一定時間内は、被告人が本件取調室内に滞留することが、その意思に反するものではなかったといえる。また、その間やその直後に、警察官らが被告人の意思を制圧するような有形力を行使するなどしたことはうかがわれない。したがって、上記の間の留め置き行為については、違法な点はなかったと認められ、原判決の同趣旨の判断に誤りはない。

ウ　強制手続への移行段階は、イの段階と一部併存する形で開始されている。

　　ここで考慮すべきことは、弁護人の控訴趣意書……も指摘しているように、**強制採尿令状を請求することと留め置きとの関連性**である。

　　所論は、①『覚せい剤の体内残留期間は長く、直ちに採尿しなければ覚せい剤使用の痕跡がなくなるということはなく、この意味において留め置きの必要性も緊急性もない』、②『被告人には住居、家族があり、住所不定ではない』から、強制採尿令状を得た後に執行すれば足り、留め置きの必要性も緊急性もない旨を主張する。

　　確かに、アルコールと対比して覚せい剤の体内残留期間は長いが、せいぜい2週間前後であり、被告人に有利に見ても1か月を超えることはないと考えて良いから、この程度の期間であれば、被告人が捜査官との関係で所在をくらますことは、所論が②で指摘している事情を考慮しても可能と見られるのであって、①②の所論の指摘から、当然に強制採尿令状を請求することと留め置きとの関連性が否定されることにはならない。

エ　その上で更に検討すると、強制採尿令状を請求するためには、対象者に対する取調べ等の捜査と並行して、**予め受入れ先の採尿担当医師を確保しておくことが前提となる**ため、①当該令状請求には、他の令状請求にくらべても長い準備時間を要することがあり得、②当該令状の発付を受ければ、当該医師の所へ所定の時間内に連行していく必要が生じ得る。これらを前提とすると、強制採尿令状の請求手続が開始されてから同令状が執行されるまでには相当程度の時間を必要とすることがあり得、それに伴って留め置き期間が長引くこともあり得る。

　　そして、強制採尿令状の請求が検討されるほどに嫌疑が濃い対象者については、強制採尿令状発付後、速やかに同令状が執行されなければ、捜査上著しい支障が生じることも予想され得ることといえるから、**対象者の所在確保の必要性は高く、令状請求によって留め置きの必要性・緊急性が当然に失われることにはならない。**

　　結局のところ、弁護人が……留め置きの必要性・緊急性を肯定している違法薬物の所持事犯と異なるところはないというべきである。

　本件では、警察官が、強制採尿令状請求の準備に着手した約2時間後の午後8時20分ころ同令状請求のためK署を出発して東京簡易裁判所に向けて出発し、午後9時10分に同令状の発付を受け、午後9時28分には被告人に対して同令状が呈示されており、上記準備行為から強制採尿令状が発付されるまでの留め置きは約2時間40分であり、同令状執行までは約2時間58分かかっているが、これらの**手続の所要時間として、特に著しく長いとまでは見られない。**

オ　次に、この間の留め置きの態様を見ると、警察官らは、令状請求準備開始後も並行して任意採尿を促したが、被告人は、言を左右にして任意採尿に応じようとしておらず、再三、退出しようとし、他方、**警察官らが、被告人を本件取調室内に留め置くために行使した有形力は、退出を試みる被告人に対応して、その都度、被告人の前に立ち塞がったり、背中で被告人を押し返したり、被告人の身体を手で払う等といった受動的なものに留まり、**積極的に、被告人の意思を抑圧するような行為等はされていない。

　被告人の控訴趣意書……は、警察官の被告人に対する有形力の行使が受動的なものに留まっていたとした原判決を論難し、力づくでも本件取調室から被告人を出さないといった監禁、暴行行為がされたと主張するが、関係証拠に照らしても、原判決の上記認定に誤りはない。

　また、警察官らは、本件取調室内で、被告人と長女や妻との面会や、飲食物やその他必要とされる物品の授受、携帯電話による外部との通話も認めるなど、**被告人の所在確保に向けた措置以外の点では、被告人の自由が相当程度確保されており、留め置きが対象者の所在確保のために必要最小限度のものにとどまっている**ことを裏付けている。

カ　以上を総合して考えると、本件では、強制採尿令状請求に伴って被告人を留め置く必要性・緊急性は解消されていなかったのであり、他方、留め置いた時間も前記の程度にとどまっていた上、被告人を留め置くために警察官が行使した有形力の態様も前記の程度にとどまっていて、同時に、場所的な行動の自由が制約されている以外では、被告人の自由の制約は最小限度にとどまっていたと見ることができる。

　そして、捜査官は令状主義に則った手続を履践すべく、令状請求をしていたのであって、もとより**令状主義を潜脱する意図などなかった**と見ることができる。

　そうすると、本件における**強制手続への移行段階における留め置きも、強制採尿令状の執行に向けて対象者の所在確保を主たる目的として行われたものであって、いまだ任意捜査として許容される範囲を逸脱したものとまでは見られない**ものであったと認めるのが相当である。

　　他方、被告人を本件取調室に留め置く根拠は失われ、任意捜査として許容される
限度を超えたとして、強制手続への移行段階における留め置きを違法とした原判決
の判断は誤りであるが、本件鑑定書の証拠能力を認めているから、この誤りは判決
に影響を及ぼさない。

(3)　最後に付言すると、強制手続への移行段階における留め置きであることを明確にす
る趣旨で、**令状請求の準備手続に着手したら、その旨を対象者に告げる運用が早急に
確立されるのが望まれる**が、本件では、そういった手続が行われていないことで、こ
れまでの判断が左右されることにはならない。」

解　　説

1　平成21年東京高裁判決の評価

　　本判決は、強制採尿令状請求を前提になされる捜査手続につき、**「純粋に任意捜査とし
て行われている段階」**と強制採尿令状の発付・執行に向けた**「強制手続への移行段階」**に
分けて、その適否を判断する二分説（論）を初めて採用したものである。

　　覚せい剤使用事犯の証拠収集保全には、職務質問等により覚せい剤使用の容疑者を認め
た場合、警察署に任意同行を求め任意の採尿を求めるか、それに応じないときは更に説得
を継続するため、必然的に一定時間の留置きがなされる。そして、なおも拒む場合には、
最終的に強制採尿令状を得て採尿し、同尿の鑑定により覚せい剤使用罪の証拠収集保全と
いう一連の捜査手続により行われる（次頁の図参照）。

　　本判決は、一連の捜査手続を「純粋に任意捜査として行われている段階」と「強制手続
への移行段階」とに分けるという、いわゆる二分説（論）を採用し、**「強制手続への移行
段階」における留置きは、強制採尿令状の発付・執行に向けてなされる被疑者の「所在確
保」を主たる目的とするとの視点から、一定限度の有形力を伴う留置き行為を適法なもの
と解したところに、重要な意義を見いだすことができる。**

　　任意採尿を拒否する覚せい剤使用被疑者に対し、覚せい剤使用罪（覚せい剤取締法19
条・41条の３）を明らかにし証拠収集保全を図るための捜査手続は、被疑者の尿の奪取で
あり、任意に尿を提出しない被疑者に対して尿を強制的に採取するには、捜索差押許可状
（いわゆる強制採尿令状）を要するとしたのが、昭和55年最高裁決定（最決昭和55年10月
23日刑集34巻５号300頁）である。

　　昭和55年最高裁決定以後も、覚せい剤捜査に関して様々な判例（裁判例）が集積されて
きたが、覚せい剤使用罪の証拠収集保全のための捜査過程において、職務質問の現場、あ

1　警察署へ任意同行

↓

2　任意採尿を求める

3　応じた場合
・「入れ物に既に覚せい剤が入っていた」という抗弁を封じるため、被疑者に容器を点検、洗浄させる
・立会人を設けて採尿
・採尿量は少なくとも50ミリリットル採取
・採尿後は直ちに被疑者の目前で所定のラベルを貼り付け、指印により封印して写真撮影
・速やかに鑑定手続
・原則として採尿担当者（立会者）が搬送
・鑑定人に手渡しすること

↓

4　報告書の作成
・被疑者による事前の容器の点検、確認状況
・被疑者の言動
・採尿後の封印状況等について写真撮影の上詳細に記載

5　応じない場合（強制手続への移行）
→裁判官の令状（強制採尿令状）を求めて採尿

○疎明すべき事項
・真にやむを得ないと認められる場合（最終的手段）
・医師をして医学的に相当と認められる方法により行う旨の記載

○留意事項
・被疑事実の重大性、嫌疑の存在
・当該証拠物の重要性とその取得の必要性
・適当な代替手段の不存在
・令状発付後においても、再度、採尿を促す
・担当医師から医学的に相当な方法で採取した旨の書面
・捜索差押調書にも同様の記載
・尿を差し押さえた場合は、押収品目録交付書の交付
・尿の所有権放棄書を徴収

○女性被疑者の場合
・医師、看護師（女性）等の立会い
・採尿場所に細心の注意

強制採尿令状（捜索差押許可状）

\<center>**捜索差押許可状**\</center>	
被 疑 者 の 氏 名 及 び 年 齢	○　○　○　○ 　　　　　　　　　　昭和○○年○月○○日生
罪　　　　　　名	覚せい剤取締法違反 （同法41条の３第１項１号，19条）
捜 索 す べ き 場 所， 身 体 又 は 物	被疑者の身体
差 し 押 さ え る べ き 物	被疑者の尿
捜 索 差 押 え に 関 す る 条 件 等	１　強制採尿は，医師をして医学的に相当と認められる 　　方法により行わせなければならない。 ２　強制採尿のために必要があるときは，被疑者を 　　東京都豊島区池袋○丁目○番○号医療法人社団○○○ 　　○病院 　　又は採尿に適する最寄りの場所まで連行することが 　　できる。
請 求 者 の 官 公 職 氏 名	司法警察員　警部　○　○　○　○
有　　効　　期　　間	平　成　○○　年　○　月　○○　日まで

有効期間経過後は，この令状により捜索又は差押えに着手することができない。この場合には，これを当裁判所に返還しなければならない。
　有効期間内であっても，捜索又は差押えの必要がなくなったときは，直ちにこれを当裁判所に返還しなければならない。

　被疑者に対する上記被疑事件について，上記のとおり捜索及び差押えをすることを許可する。
　　平　成　○○　年　○　月　○○　日
　　　　　東　京　簡　易　裁　判　所
　　　　　　裁　判　官　○　○　○　○

三好一幸（東京簡易裁判所判事）『令状審査の理論と実務』（一般財団法人司法協会，2014年４月）152頁

るいは警察署への同行後における留置きが必然的に伴うことに関し、その留置きの適否の判断基準について、「純粋に任意捜査として行われている段階」と強制採尿令状の発付・執行に向けた「強制手続への移行段階」に分けるという二分説（論）を採用した裁判例は、公刊物でみる限り、本判決が初めてのものといえる。このように捜査手続を2つに分けて個別に判断するという考え方は、捜査実務上、極めて明快であり、有意義な判決といえる。

　では、本判決が、これまでの判例（裁判例）で言及することのなかった、この二分説（論）をなぜ採用したのであろうか。本件の事実関係を踏まえて検討する。

2　捜査手続全体の評価

　実務的な視点から、平成21年東京高裁判決の事案をみたとき、強制採尿に至るまでの本件捜査手続全体は、きわめて迅速な判断の下になされていると評価できる。

(1)　職務質問から任意同行要求までの経緯

　午後4時39分頃、シートベルト不着用に基づく車両停止・職務質問、運転者Xの表情（顔青白く、頬のやせこけ、ぎらぎらした目つきなど薬物常習者特有）、Xの挙動（車両辺りをうろうろと歩き回り、周りをきょろきょろ見たりして、落ち着きない態度）、覚せい剤事犯12件の前歴（原審によれば、覚せい剤取締法違反により6度の服役、前刑を終えてから1年経たずに本件犯行）を把握し、Xの同意を得て同車両を検索しスタンガンを発見し、軽犯罪法違反容疑でK警察署への任意同行要求、パトカーに乗車させ午後5時50分頃に警察署に到着している。この間、職務質問開始からK警察署同行までの時間は、約1時間であり、的確な判断といえる。

　この点、平成21年東京高裁判決も、この約1時間の「捜査手続には、警察官らが被告人の背後からベルトをつかむなどして、行動の自由を一部制約したことも含まれていることがうかがわれる」が、他方で、「①被告人に対する軽犯罪法違反及び覚せい剤取締法違反の嫌疑が合理的なものとして存在していたこと、②その当時の被告人の言動、態度から粗暴な振る舞いに出るおそれもあったこと、③交通量のある道路上で、交通事故等の危険を回避する必要も認められたこと、④職務質問開始からK署への同行までの時間も約1時間と、被告人の言動や犯罪の嫌疑内容等に照らせば、不相当に長時間の職務質問等であったとはいえないこと、などを踏まえれば、任意捜査として許容される範囲を逸脱した違法なものとはいえない。」と判断している。

(2)　K警察署の本件取調べ室に入室後、強制採尿令状請求に着手した経緯

　Xは、K警察署に到着後、同署の階段を歩いて上がり、午後6時頃、本件取調べ室に入

り、丙川警部補らから尿を任意に提出するよう求められたが、言を左右にして提出に応じず、注射痕の有無の確認のために腕を見せることも拒絶した。そのため、午後6時30分頃、Xに対する強制採尿令状請求の準備に取りかかっている。その間、30分程度であり、Xは、K警察署に到着後、自らXの孫とみられる相手と携帯電話で会話しながら、同署の階段を歩いて上がり、本件取調べ室に入ったものであり、そこにはXの**自由意思のもとで行動したこと**は疑いのないところである。

(3)　強制採尿令状請求に着手し令状が発付され、同令状を呈示した経緯
　　ア　留置きの時間的問題の評価
　午後6時30分頃、Xに対する強制採尿令状請求の準備に取りかかり、令状発付に要求される「被疑事件の重大性、嫌疑の存在、当該証拠の重要性とその取得の必要性、適当な代替手段の不存在等の事情に照らし、犯罪の捜査上真にやむを得ないと認められる場合」で、その「最終的手段として」認められるものであることを疎明すべき資料が整ったのは、午後8時20分頃で、その間約2時間であり、その後、裁判所（東京簡易裁判所）に請求し、同令状の発付を受けたのが午後9時10分頃、そして、K警察署にてXに同令状を呈示したのが午後9時28分頃であった。

　捜査実務上、捜査記録の内部的決裁を含めて、強制採尿令状請求のための疎明資料を整えるための時間は、少なくとも2時間程度は必要となると考えられるが、その時間的対応には問題はないといえる。

　強制採尿令状請求準備に着手（午後6時30分頃）してから、同令状が発付される（午後9時10分）までのXの留置き時間は、約2時間40分であり、また、同令状を執行する（午後9時28分頃）までのXの留置き時間は、約2時間58分であった（殊に、本件では同令状が裁判所で発付されて、これを受領し、Xに呈示し執行するまでの時間が18分と極めて短時間でなされている。）。この点、判決も「これらの手続の所要時間として、特に著しく長いとまでは見られない。」と判示しているとおりである。

　もっとも、これは警視庁管内という地理的要素が多分にあると思われるが、殊に道県警察本部所属の地方の警察署にあっては、裁判所との距離関係からして令状請求のため警察署出発・裁判官による令状審査・発付・受領、そして警察署まで戻るという、その移動距離（ときには交通渋滞等）を考慮すると、呈示執行までに要する時間は、ときには2時間以上を優に超えてしまうこともあり得る。そうだとすると、その場合、必然的に留置き時間が延びることも念頭におかなければならず、被疑者の対応次第（退去意思を強く示している場合）によっては、捜査幹部として、その任意性をいかに確保するかに特段の配慮が

求められる。

　イ　留置き態様の評価

　さて、令状請求・発付、そして執行までの時間的な問題がクリアできたとしても、次に、その間における留置きの様態が問題となる。

　本件取調べ室内でのＸの留置き状況については、前述したとおりであるが、その概要は次のとおり整理できる[(8)]。

　　（ア）　本件取調べ室でのＸの行動

　本件取調べ室内では、Ｈ弁護士と携帯電話での自由な通話が許されており、弁護士から、①警察官に公務執行妨害罪で検挙されないよう注意すべきこと、②退出する際には携帯電話でその状況を撮影すべきことなどの助言を得、午後６時31分頃から午後８時37分頃までの間、多数回、退出の意思を表明し、携帯電話の動画撮影機能で本件取調べ室内の状況や出入口付近の状況を撮影しながら、退出しようとする行動を取っていた。そして、Ｘの退出しようとする行動に対しては、本件取調べ室の出入口付近で監視していた丙川警部補らが集まり、退出しようとするＸの前に立ち塞がったり、背中でＸを押し返したり、Ｘの身体を手で払うなどにより退出を阻止していた。

　なお、取調べ室でのＸの特異な言動や振舞いとして、本件取調べ室から退出することはできなかったが、

　　○　出入口付近にいた警察官に身体をぶつけた際、殊更に「痛い、痛い。」などと言ったり、本件取調べ室の壁などに自ら頭部をぶつけ、それにより受傷したなどと訴えたり、退出を妨げられてよろめいた振りをして床に仰向けに転倒するなどした状況を前記携帯電話で撮影し、丙川警部補らに対し、「おまえらにやられてけがしたと言ってやるからな。これでおれは20日でパイだよ。４連勝だよ。」などと言っていたこと、

　　○　更には、本件取調べ室に入室後、強制採尿令状を示されるまで、警察官から携帯電話機の充電器を借用するなどした上、動画撮影を行う一方、50回以上も外部と携帯電話で通話し、その合計時間は約80分に及んでいたこと、

（8）　本件のＸは、前歴照会の結果、覚せい剤事犯12件の前歴が判明し、この間、６度も服役していることから、警察の対処につき、いわば場慣れした人物であったことが認められる。
　　この点、原審判決（東京地判平成21年１月20日）も、その量刑の判断の中で「被告人は、これまで、覚せい剤取締法違反により６度も服役しており、平成19年４月27日に前刑を終えてから１年とたたないうちに、またしても本件犯行を犯したものである。このような従前の経過を踏まえると、被告人の覚せい剤に対する親和性や依存性は、相当に根深いものがあり、規範意識も著しく鈍麻しているというほかなく、被告人の刑事責任は重いといわなければならない。」と判示しているところにもうかがうことができる。

○ 更に、Xは、長女をK警察署に呼び寄せ、希望する飲物や筆記用具を本件取調べ室内に持ち込ませるなどしたほか、X自ら重病という妻もわざわざ自宅から呼び寄せて、本件取調べ室に入室させ、既に通常の病院の診療時間ではないのに、病院に連れていく必要があるから帰らなければならないなどと繰り返し訴えてもいたこと、などの行為が、本件事案の特徴でもある。

(イ) Xに対する警察側の対応

Xが、午後6時頃本件取調べ室に入室してから、午後9時28分頃強制採尿令状を示されるまでの時間に、約3時間半を要したが、その間、本件取調べ室の出入口ドアは開放されていた。ただし、丙川警部補ら1、2名の警察官が常時その付近に待機しており、Xの退出しようとする行動に対しては、その都度、本件取調べ室の出入口付近で監視していた丙川警部補や他の警察官が集まり、退出しようとするXの前に立ち塞がったり、背中でXを押し返したり、Xの身体を手で払うなどして退出を阻止していた。

ところで、このような本件取調べ室でのXの特異な言動や振舞い、それに対するK警察署の対応をみるとき、K警察署がXに対するその対応につき、**いかに任意性を確保するかの配慮に苦心していた**ことがみてとれる。そのことから、今後における類似の覚せい剤使用事犯捜査に対して、裁判所の捜査実務への深い理解があったことがうかがわれ、それが本件判決に二分説（論）を採用した契機となったものと推測される。

つまり、まず、任意同行に応じたXが、同署本件取調べ室に入ったのが午後6時頃で、丙川警部補らは、Xに尿の任意提出を求めたが、Xは「待ってろ。」などと言うものの、言を左右にして提出に応じず、注射痕の有無の確認のために腕を見せることも拒絶している。しかし、数多くの覚せい剤前歴や覚せい剤使用者特有の言動から、午後6時30分頃にXに対する強制採尿令状請求の準備に着手、同令状発付を経て同令状呈示する午後9時28分までの約3時間にわたる留置きにつき、いわば警察対処に場慣れしたXに対して、いかに任意捜査として許容される限度において、留置きを継続するかが課題となった。

仮にこれが違法な身柄拘束と評価された場合には、事後の公判において、そこで得た尿及び尿の鑑定書の証拠能力が違法収集証拠として争われることとなる。そこで、本件取調べ室において、丙川警部補らは異例ともいえるXの行動を認めている。[9]

具体的には、Xが午後6時頃本件取調べ室に入室後、強制採尿令状を示される午後9時28分頃までの約3時間半の間の、前記の外部との通話や面会などである。

（9） もっとも、本件取調べ室において、これらの行動を自由に認めることができたのは、この時間帯が当直（宿直）の時間帯で、他の取調べに特段の支障がなかったこともあるのではないかと思われる。

　いずれにしても、本件取調べ室において、丙川警部補らが、異例ともいえるＸの自由奔放な行動を認めたのは、**Ｘの退去の申出に対して、丙川警部補らがこれを阻止する行動に出たとしても、Ｘが留め置かれていることにつき、なお自由意思（任意捜査）の下にあった状態をいかに確保するか**について、苦心の配慮をしていたことがうかがわれるのである。

　このことは、Ｘの言動や覚せい剤使用前歴等からみて、覚せい剤使用容疑が濃厚であり、このまま退出を許せば、Ｘは体内に残留する覚せい剤使用の痕跡をなくすため、一定期間その所在を隠し、その後に出頭することにより覚せい剤使用の嫌疑を免れることとなるため、丙川警部補らは、それを避けるため強制採尿令状の発付・執行に向けて、Ｘの退去の申出に対し、やむを得ず有形力をもってしても、これを阻止する行動に出ざるを得なかった面もある。

　　ウ　退出阻止という「有形力の行使」の評価

　Ｘの留め置かれた本件取調べ室は、その出入口ドアが開放されていたものの、丙川警部補ら１、２名の警察官が常時その出入口付近に待機し、監視しており、Ｘの退出行動に対し、その都度、丙川警部補や他の警察官が集まり、退出しようとするＸの前に立ち塞がったり、背中でＸを押し返したり、Ｘの身体を手で払うなどして退出を阻止していた。この退出阻止という「有形力の行使」をどのように評価するか、これは任意捜査として許容される限度の問題である。

　いうまでもなく、最高裁は昭和51年３月16日第三小法廷決定刑集30巻２号187頁（以下「昭和51年最高裁決定」という。本書9及び10で解説。なお、『判例から学ぶ捜査手続の実務Ⅱ』3事例）において、任意捜査上、一定限度での有形力の行使を認めている。

　昭和51年最高裁決定は、任意捜査においても、たとえ有形力の行使がなされても強制処分に当たらない場合があることを、最高裁として初めて認めた重要な判例である。

　この判例は、酒酔い運転の被疑者を警察署に任意同行したが、呼気検査に応ずることなく、署の出入口の方へ小走りに行きかけたので、甲巡査は、逃げるのではないかと思い、同人の左斜め前に近寄り、「風船をやってからでいいではないか。」と言って、両手で同人の左手首をつかんだ行為が、任意捜査として許容されるかどうか問題となったものである。[10]

　なお、被疑者は、甲巡査に対する公務執行妨害罪で現行犯逮捕されている。

　昭和51年最高裁決定は、**任意捜査における有形力の行使は、強制手段、すなわち、個人の意思を制圧し、身体、住居、財産等に制約を加えて強制的に捜査目的を実現する行為など、特別の根拠規定がなければ許容することが相当でない手段に当たらない限り、必要性、緊急性なども考慮したうえ、具体的状況のもとで相当と認められる限度において許容される**と解し、本件甲巡査の行為は、呼気検査に応じるよう説得するために行われたものであ

り、その程度もさほど強いものではないから、性質上当然に逮捕その他の強制手段に当た
るものと判断できず、任意捜査において許容される限度内の有形力の行使であるとした。

　平成21年東京高裁判決も、昭和51年最高裁決定と同様に、被疑者が退出しようとしたと
きに有形力が行使された事案である。

　平成21年東京高裁判決は、覚せい剤使用容疑が濃厚であり、K警察署に任意同行され、
強制採尿令状請求の準備から同令状執行までの間に留め置かれ、この間、丙川警部補らが、
多数回にわたり退出しようとするXの前に立ち塞がったり、背中でXを押し返したり、X
の身体を手で払うなどして退出を阻止したというものである。なお、Xは弁護士から公務
執行妨害罪で検挙されないよう注意を促されている。

　丙川警部補らの有形力の行使の適否について、平成21年東京高裁判決は、昭和51年最高
裁決定を直接引用はしていないが、判決文の表現からして、同決定の**「強制手段にあたら
ない有形力の行使であっても、何らかの法益を侵害し又は侵害するおそれがあるのである
から、状況のいかんを問わず常に許容されるものと解するのは相当でなく、必要性、緊急
性なども考慮したうえ、具体的状況のもとで相当と認められる限度において許容される」**

---

(10)　本決定の事案は、酒酔い運転での自損事故を起こし、事故現場での呼気検査を拒否したことから、
　警察署に任意同行され、再三、呼気検査を求められたが、これを拒否し、そのうち母親が来ればこれに
　応ずるとのことであったが、そのうち急に椅子から立ち上がって出入口の方に小走りに行きかけたので、
　甲巡査は、逃げるのではないかと思い、同人の左斜め前に近寄り、「風船をやってからでいいではない
　か。」と言って、両手で同人の左手首をつかんだところ、すぐさま同巡査の両手を払い、同巡査の制服の
　肩章を引きちぎったり、顔面を殴打したため、公務執行妨害罪として現行犯逮捕したというものである。
　　これに対し、昭和51年最高裁決定は、任意捜査における有形力行使の限界について、「捜査において
　強制手段を用いることは、法律の根拠規定がある場合に限り許容されるものである。しかしながら、こ
　こにいう強制手段とは、有形力の行使を伴う手段を意味するものではなく、個人の意思を制圧し、身体、
　住居、財産等に制約を加えて強制的に捜査目的を実現する行為など、特別の根拠規定がなければ許容す
　ることが相当でない手段を意味するものであって、右の程度に至らない有形力の行使は、任意捜査にお
　いても許容される場合があるといわなければならない。ただ、強制手段にあたらない有形力の行使であ
　っても、何らかの法益を侵害し又は侵害するおそれがあるのであるから、状況のいかんを問わず常に許
　容されるものと解するのは相当でなく、必要性、緊急性なども考慮したうえ、具体的状況のもとで相当
　と認められる限度において許容されるものと解すべきである。」と判断している。
　　この点、学説においても、例えば、井上正仁『刑事訴訟法判例百選（第8版）』（2005年）5頁は、
　「現に、行政警察上の処分であるが、任意処分と解されることから捜査上の任意同行などとパラレルに
　論じられることが多い警察官による職務質問のための停止や同行（警職法2条〜3条）については、警
　察官らが実力を用いて対象者を連行したり、実質上その制圧下に置くようなことは許されないとしても、
　対象者がいきなり逃げ出し、あるいは立ち去ろうとしたので、これを制止するために、警察官がその肩
　や腕に手をかけたり、手を軽く握るなどするようなことは、『強制』の処分とまではいえず、許容され
　る、とする見方が裁判例上、かなり早くから採られてきていたのである。（例えば、最一小決昭和29年
　7月15日刑集8巻7号1137頁、札幌高函館支判昭和27年12月15日高刑集5巻12号2294頁、仙台高判昭和
　30年10月13日高刑裁特2巻12号998頁など）。本決定は、捜査手続上も同様に、有形力の行使が強制処分
　に当たらない場合があることを、最高裁として初めて認めたものである。」とその意義を評している。

との規範を前提に判断しているといえる。

　つまり、事実関係を踏まえて、平成21年東京高裁判決は、Ｘはその言動や多数の覚せい剤取締法違反前歴を有することから、覚せい剤使用容疑が濃厚であるにもかかわらず任意採尿に言を左右にして応じようとしないこと、本件取調べ室内で、長女や妻との面会、飲食物やその他必要とされる物品の授受、携帯電話による外部との通話が認められているなど、その自由が相当程度確保されていること、その中でなされた留置きに際して、Ｘが再三、退出しようとするのに対し、本件取調べ室内に留め置くためになされた有形力の行使は、その都度、Ｘの前に立ち塞がったり、背中でＸを押し返したり、Ｘの身体を手で払う等といった**「受動的なものに留まり」**、積極的にＸの**「意思を抑圧するような行為等はされていない。」**と認定している。

　そして、結局、「本件では、強制採尿令状請求に伴って被告人を留め置く必要性・緊急性は解消されていなかったのであり、他方、留め置いた時間も」、強制採尿令状の請求準備行為から同令状が発付されるまで約２時間40分、同令状執行までは２時間58分かかっているが、所要時間としては、「特に著しく長いとまでは見られない。」こと、**「被告人を留め置くために警察官が行使した有形力の態様も前記の程度にとどまっていて、同時に、場所的な行動の自由が制約されている以外では、被告人の自由の制約は最小限度にとどまっていたと見ることができる。」**と解していることに表れている。

　その上で、「捜査官は令状主義に則った手続を履践すべく、令状請求をしていたのであって、もとより令状主義を潜脱する意図などなかったと見ることができる。そうすると、本件における**強制手続への移行段階における留め置きも、強制採尿令状の執行に向けて対象者の所在確保を主たる目的として行われたものであって、いまだ任意捜査として許容される範囲を逸脱したものとまでは見られない**ものであったと認めるのが相当である。」と結論づけたのである。

　　エ　注目すべき判決最後の「付言」書き

　平成21年東京高裁判決は、「最後に付言する」との異例の断りを入れて、「**強制手続への移行段階における留め置きであることを明確にする趣旨で、令状請求の準備手続に着手したら、その旨を対象者に告げる運用が早急に確立されるのが望まれる**が、本件では、そういった手続が行われていないことで、これまでの判断が左右されることはない。」との注目すべき判断をしている。これは、どのような趣旨であろうか。捜査実務において、判示のような強制採尿令状請求の準備に着手したら、その旨を対象者に告げる運用は統一的になされていない。

　しかし、同判決の趣旨からすると、「強制手続への移行段階」における留置きは、強制採尿令状の執行に向けて対象者の所在確保を主たる目的として行われたものであるから、

強制採尿令状請求の準備に着手したら、その旨を対象者に告知することにより、①捜査機関に対しては、留置きを任意捜査として認めるために、迅速な令状請求手続を促すとともに、②対象者に対しては、留置きがなされるのは、任意捜査の範囲において、同令状執行に向けて、所在確保を主たる目的としてなされるものであることを明らかにするものである、と考えることができよう。

プラス・アルファ

　坂田正史「最新判例解説（第5回）」（捜査研究725号（2011年10月号）69頁）では、「本判決は、『強制手続への移行段階における留め置きであることを明確にする趣旨で、令状請求の準備手続に着手したら、その旨を対象者に告げる運用が早急に確立されるのが望まれる』とも言及している。この指摘をどのように捜査実務に反映すべきかどうかについては、いろいろな考え方があり得よう。

　確かに、令状請求の準備手続に着手したこと（その進捗状況等）を被疑者に告げることは、この種事犯であれば、任意の採尿に向けた被疑者への説得の一環として、あるいは、手続履践の適正を一層明確にする観点から有用な場合があり得るであろう。

　他方、意識混濁や錯乱の状態にある被疑者など、その状況いかんによっては、かかる告知をすることが困難ないし不適切な場面もあるかもしれない。

　また、『令状請求の準備』は、書類の作成、捜査官同士や他の機関との連絡、被疑者に対する取調べ等様々な作業からなるもので、事案にもよるが、どの段階でこれに「着手」したかの見極めが難しい場合もあり得よう。

　いずれにせよ、令状請求、執行等の手続をどの時点でいかに行ったかについては、逐次これを記録して証拠化をすべき必要があることは言うまでもなく、本判決が言及する被疑者に対する告知も、このような手続の証拠化の過程としてとらえることもできるように思われる。」と述べている。

　なお、次に紹介する東京高判平成22年11月8日判タ1374号248頁は、平成21年東京高裁判決と同様、留置きの適否を判断するに当たり、「純粋に任意捜査として行われている段階」と「強制手続への移行段階」とに分け、後者にあっては、「強制採尿令状請求が行われていること自体を被疑者に伝えること」を条件として、「純粋な任意捜査の場合に比し、相当程度強くその場に留まるよう被疑者に求めることも許される」との注目すべき判断をしている。

3 強制採尿令状の請求手続に取りかかった後、被疑者を職務質問の現場に留め置いた措置は、違法不当とはいえないとされた事例

〈東京高裁平成22年11月8日判決・確定　判タ1374号248頁〉

=要　旨=

① 被告人に対する職務質問が開始された午後3時50分頃から、捜索差押許可状が被告人に提示された午後7時51分までの間、約4時間にわたり、警察官が被告人を職務質問の現場に留め置いているが、本件におけるこのような留置きの適法性を判断するに当たっては、午後4時30分頃、B巡査部長が、被告人から任意で尿の提出を受けることを断念し、捜索差押許可状（強制採尿令状）請求の手続に取りかかっていることに留意しなければならない。

② すなわち、強制採尿令状の請求に取りかかったということは、捜査機関において同令状の請求が可能であると判断し得る程度に犯罪の嫌疑が濃くなったことを物語るものであり、その判断に誤りがなければ、いずれ同令状が発付されることになるのであって、いわばその時点を分水嶺として、強制手続への移行段階に至ったと見るべきものである。

③ したがって、依然として任意捜査であることに変わりはないけれども、そこには、それ以前の純粋に任意捜査として行われている段階とは、性質的に異なるものがあるとしなければならない。

④ まず、純粋に任意捜査として行われている段階について検討すると、B巡査部長らが被告人に対して職務質問を開始した経緯や、被告人の挙動、腕の注射痕の存在等から尿の任意提出を求めたことに何ら違法な点はなく、午後4時30分頃の時点で強制採尿令状の請求に取りかかったことも、本件の事情の下では妥当な判断というべきである。

⑤ そして、この間の時間は約40分間であって、警察官から特に問題とされるような物理力の行使があったようなことも、被告人自身述べていない。これらに照らすと、この間の留置きは、警察官らの求めに応じて被告人が任意に職務質問の現場に留まったものと見るべきであるから、何ら違法、不当な点は認められない。

⑥ 次に、午後4時30分頃以降強制採尿令状の執行までの段階について検討すると、同令状を請求するためには、予め採尿を行う医師を確保することが前提となり、かつ、同令状の発付を受けた後、所定の時間内に当該医師の許に被疑者を連行する必要もある。

⑦　したがって、令状執行の対象である被疑者の所在確保の必要性には非常に高いものがあるから、強制採尿令状請求が行われていること自体を被疑者に伝えることが条件となるが、純粋な任意捜査の場合に比し、相当程度強くその場にとどまるよう被疑者に求めることも許されると解される。

⑧　これを本件についてみると、午後４時30分頃に、被告人に対して、強制採尿令状の請求をする旨告げた上、B巡査部長は同令状請求準備のために警察署に戻り、午後７時頃東京簡易裁判所裁判官に対し同令状の請求をして、午後７時35分同令状が発付され、午後７時51分、留置き現場において、これを被告人に示して執行が開始されているが、上記準備行為から強制採尿令状が発付されるまでの留置きは約３時間５分、同令状執行までは約３時間21分かかっているものの、手続の所要時間として、特に著しく長いとまでは認められない。

⑨　また、この間の留置きの態様をみると、前記C巡査部長ら警察官が駐車している被告人車両のすぐそばにいる被告人と約４、５メートル距離を置いて被告人を取り巻いたり、被告人が同車両に乗り込んだ後は、１、２メートル離れて同車両の周囲に位置し、さらに同車両の約2.5メートル手前に警察車両を駐車させ、午後５時35分頃からは、被告人車両の約10メートル後方にも別の警察車両を停め、その間、被告人からの「まだか。」などとの問い掛けに対して、「待ってろよ。」と答えるなどして、被告人を留め置いたというものであるが、このような経緯の中で、警察官が被告人に対し、その立ち去りを防ごうと身体を押さえつけたり、引っ張ったりするなどの物理力を行使した形跡はなく、被告人の供述によっても、せいぜい被告人の腕に警察官が腕を回すようにして触れ、それを被告人が振り払うようにしたという程度であったというのである。

⑩　そして、その間に、被告人は、被告人車両内で携帯電話で通話をしたり、たばこを吸ったりしながら待機していたというのであって、この段階において、被告人の意思を直接的に抑圧するような行為等はなされておらず、駐車車両や警察官が被告人及び被告人車両を一定の距離を置きつつ取り囲んだ状態を保っていたことも、前記のように強制採尿令状の請求手続が進行中であり、その対象者である被告人の所在確保の要請が非常に高まっている段階にあったことを考慮すると、そのために必要な最小限度のものにとどまっていると評価できるものである。加えて、警察官らは、令状主義の要請を満たすべく、現に、強制採尿令状請求手続を進めていたのであるから、捜査機関に、令状主義の趣旨を潜脱しようとの意図があったとは認められない。

cf. 刑訴法第１条、第197条、第198条、第222条、第218条、第219条、警職法第２条等

▶▶▶ 事案の概要 ◀◀◀

1 職務質問及び任意採尿の説得

(1) 警視庁第二自動車警ら隊所属（新宿警察署派遣）のB巡査部長らは、平成22年2月5日（以下、同年月日の記載は省略する。）午後3時48分頃、東京都新宿区内の職安通り上を警ら用無線自動車で警ら中、対向車線を走行中の普通乗用自動車を運転する被告人（以下「X」という。）が、B巡査部長の顔を見て顔を背けたこと、X車両に傷があったことなどから、不審事由があると認め、同車を追尾して、午後3時50分頃、新宿区内のホテルT前路上で、同車を停止させ、Xに対して職務質問を行った。

(2) B巡査部長らは、Xの運転免許証の提示を求め、犯罪歴等の照会をし、麻薬及び向精神薬取締法違反の前歴があることが判明したため、Xを降車させ、腕の注射痕の有無を確認したところ、左腕肘内側に真新しい注射痕2個を発見した。その際、Xは、そわそわし、手が震え、足ががくがくしていた。注射痕について質問されたXは、エイズ検査をしたと答えたが、このようなXの態度に規制薬物使用の疑いを強めたB巡査部長は、尿の任意提出を求めた。

(3) これに対し、Xは、当初は仕事や待ち合わせがあるなどと言い、次に、妊娠中の彼女が出血したので、すぐに行かなければいけないなどと説明を変えて、これを拒んだ。B巡査部長は、Xの携帯電話機でXの彼女と話し、出血はしておらず、緊急性がないことを確認した。B巡査部長は、さらに、Xに対して尿の任意提出を求めたが、Xはこれに応じようとしなかった。

2 強制採尿令状を請求する旨の告知及び当該令状請求準備

B巡査部長は、Xが尿の任意提出に応じようとしなかったため、午後4時30分頃、Xに対して、強制採尿令状を請求するから待つように言って、令状請求のため新宿警察署に戻った。それまでの間、Xが自車に乗り込もうとしたことから、B巡査部長が、話が終わっていないので待つよう求めたことがあったが、立ち去らないように身体を押さえ付けたり引っ張ったりしたことはない。また、Xが、後から警察に行くから、今は行かせてくれと言ったこともあったが、B巡査部長は、Xの言動、態度、前歴等から、Xが後に警察署に出頭するとは思われなかったことから、強制採尿令状の請求をすることにした。

3 職務質問現場でのXの動静

(1) その後、Xが自車に近づいた際、警視庁第二自動車警ら隊所属のC巡査部長が話しかけたところ、Xは、彼女のところに行きたいなどと言ったが、同巡査部長が尿の任

意提出をするよう促すと、これを拒否し、午後5時前頃、自車の運転席に乗り込んだ。
(2)　そこで、他の警察官が、Xが車両を発進して移動することはできるものの、そのために切り返しをする間に近寄って説得ができるようにするために、X車両の前約2.5メートルの位置にパトカーを駐車させた。X車両の後方には、当初車両は駐車していなかったが、午後5時30分過ぎ頃に応援のため到着した同警ら隊所属のD警部補が、後方約10メートルにパトカーを駐車した。また、警察官3、4名が、車の周囲に1メートルから2メートル程度離れて待機したり、遊動したりしていた。
(3)　Xは、その後、降車することなく、自車の運転席で携帯電話で話をしたり、たばこを吸ったりしており、運転席から1メートル程度離れて待機するD警部補に、3回くらい、「まだか。」などと尋ねたことがあったが、D警部補が「待ってろよ。」と答えると、それ以上、帰らせてくれとか、行かせてくれと求めることはなかった。

4　捜索差押許可状の執行

　午後7時頃、東京簡易裁判所裁判官に対し捜索差押許可状の請求がなされ、午後7時35分捜索差押許可状が発付されたことから、午後7時51分頃、警視庁新宿警察署所属のEが、東京簡易裁判所の裁判官が発付した捜索差押許可状をXに示し、Xを東京警察病院に同行し、医師に依頼して、午後8時43分頃、カテーテルを用いてXの尿を採取してもらい、同警察署のF巡査が、これを差し押さえた。

5　原判決の判断

　原判決（東京地判平成22年7月7日判タ1374号253頁）は、被告人に対する強制採尿に至る上記経緯を詳細に認定した上で、「警察官らは、職務質問の開始後、強制採尿令状の執行まで、強制にわたることなく任意に被告人を職務質問の現場に待機させたと評価することができるのであって、何ら違法、不当な点はない。」と判断した上で、本件において「被告人の尿は適法な手続により採取され、鑑定されたのであるから、その鑑定書等を違法収集証拠として証拠から排除すべきとの弁護人の主張は理由がない。」として、弁護人

《《Check Point》》

〈弁護人の控訴理由〉
　被告人の尿の鑑定書等は、被告人に対する違法な身柄拘束を利用して請求、発付された強制採尿令状の執行の結果として形成されたものであるから、将来の違法捜査抑制のためにも違法収集証拠として排除すべきであるのに、これらに証拠能力を認めて、事実認定の用に供した原判決には、判決に影響を及ぼすことが明らかな訴訟手続の法令違反がある旨主張した。

の主張を排斥した。

▷▷▷ 裁判所の判断 ◁◁◁

「被告人に対する職務質問が開始された平成22年2月5日午後3時50分ころ（以下、ことわりのない限り同日のできごとであり、年月日の記載は省略する。）から捜索差押許可状が被告人に提示された午後7時51分までの間、約4時間にわたり、B巡査部長やC巡査部長ら警察官が、被告人を職務質問の現場に留め置いているが、所論は、この留め置きが違法な身柄拘束に当たると主張するものである。」

（二分説（論）の考え方を明示）

「ところで、本件におけるこのような留め置きの適法性を判断するに当たっては、午後4時30分ころ、B巡査部長が、被告人から任意で尿の提出を受けることを断念し、捜索差押許可状（強制採尿令状。以下『強制採尿令状』ともいう。）請求の手続に取りかかっていることに留意しなければならない。

すなわち、強制採尿令状の請求に取りかかったということは、捜査機関において**同令状の請求が可能であると判断し得る程度に犯罪の嫌疑が濃くなった**ことを物語るものであり、その判断に誤りがなければ、いずれ同令状が発付されることになるのであって、いわばその時点を分水嶺として、**強制手続への移行段階**に至ったと見るべきものである。したがって、依然として任意捜査であることに変わりはないけれども、そこには、それ以前の純粋に任意捜査として行われている段階とは、性質的に異なるものがあるとしなければならない。」

（強制手続への移行以前の任意捜査段階での留置きについて）

「そこで、以上のような観点に立って、まず、**純粋に任意捜査として行われている段階**について検討すると、B巡査部長らが被告人に対して職務質問を開始した経緯や、被告人の挙動、腕の注射痕の存在等から尿の任意提出を求めたことには何ら違法な点はない。

そして、注射痕の理由や尿の任意提出に応じられないとする理由が、いずれも虚偽を含む納得し得ないものであったことや、後に警察署に出頭して尿を任意提出するとの被告人の言辞も信用できないとして、午後4時30分ころの時点で強制採尿令状の請求に取りかかったことも、前記の原判決が認定する事情の下では、当然の成り行きであって、妥当な判断というべきである。

そして、この間の時間は約40分間であって、警察官から特に問題とされるような物理力の行使があったようなことも、被告人自身述べていない。これらに照らすと、この間

の留め置きは、警察官らの求めに応じて被告人が任意に職務質問の現場に留まったもの
と見るべきであるから、そこには何ら違法、不当な点は認められない。」

（強制手続への移行段階に至った後の留置きについて）

「次に、午後４時30分ころ以降**強制採尿令状の執行までの段階**について検討すると、
同令状を請求するためには、予め採尿を行う医師を確保することが前提となり、かつ、
同令状の発付を受けた後、所定の時間内に当該医師の許に被疑者を連行する必要もある。
したがって、**令状執行の対象である被疑者の所在確保の必要性には非常に高いものがあ
る**から、**強制採尿令状請求が行われていること自体を被疑者に伝えることが条件**となる
が、純粋な任意捜査の場合に比し、**相当程度強くその場に止まるよう被疑者に求めるこ
とも許される**と解される。」

（留置きの所要時間について）

「これを本件について見ると、午後４時30分ころに、被告人に対して、強制採尿令状
の請求をする旨告げた上、Ｂ巡査部長は同令状請求準備のために警察署に戻り、午後７
時ころ東京簡易裁判所裁判官に対し同令状の請求をして、午後７時35分同令状が発付さ
れ、午後７時51分、留め置き現場において、これを被告人に示して執行が開始されてい
るが、上記準備行為から強制採尿令状が発付されるまでの留め置きは約３時間５分、同
令状執行までは約３時間21分かかっているものの、手続の所要時間として、特に著しく
長いとまでは認められない。」

（留置きの態様について）

「また、この間の留め置きの態様を見ると、前記Ｃ巡査部長ら警察官が駐車している
被告人車両のすぐそばにいる被告人と約４、５メートル距離を置いて被告人を取り巻い
たり、被告人が同車両に乗り込んだ後は、１、２メートル離れて同車両の周囲に位置
し、さらに同車両の約2.5メートル手前に警察車両を駐車させ、午後５時35分ころから
は、被告人車両の約10メートル後方にも別の警察車両を停め、その間、被告人からの
『まだか。』などとの問い掛けに対して、『待ってろよ。』と答えるなどして、被告人を留
め置いたというものであるが、このような経緯の中で、警察官が被告人に対し、その立
ち去りを防ごうと身体を押さえつけたり、引っ張ったりするなどの物理力を行使した形
跡はなく、被告人の供述によっても、せいぜい被告人の腕に警察官が腕を回すようにし
て触れ、それを被告人が振り払うようにしたという程度であったというのである。

そして、その間に、被告人は、被告人車両内で携帯電話で通話をしたり、たばこを吸

ったりしながら待機していたというのであって、この段階において、被告人の意思を直接的に抑圧するような行為等はなされておらず、駐車車両や警察官が被告人及び被告人車両を一定の距離を置きつつ取り囲んだ状態を保っていたことも、上記のように強制採尿令状の請求手続が進行中であり、その対象者である**被告人の所在確保の要請**が非常に高まっている段階にあったことを考慮すると、そのために**必要な最小限度のものにとどまっている**と評価できるものである。

　加えて、警察官らは、令状主義の要請を満たすべく、現に、強制採尿令状請求手続を進めていたのであるから、捜査機関に、令状主義の趣旨を潜脱しようとの意図があったとは認められない。」

　「以上によれば、被告人に対する強制採尿手続に先立ち、被告人を職務質問の現場に留め置いた措置に違法かつ不当な点はないから、尿の鑑定書等は違法収集証拠に当たらないとして、証拠能力を認め、これらを採用した原審の訴訟手続に法令違反はない。」

解　説

1　職務質問の現場における留置き時間

　本判決は、二分説（論）をより具体的に明言している。

　本判決が認定した一連の事実関係をもとに、強制採尿に至る時間的経過を確認すると、①Ｂ巡査部長らが警ら中、不審事由のあるＸ運転車両を認めたのが午後３時48分頃、②追尾の上、路上に停止させて職務質問を開始したのが午後３時50分頃、③職務質問の中で麻薬及び向精神薬取締法違反の前歴把握、Ｘの左腕肘内側にある真新しい注射痕２個を発見し、その際、Ｘは、そわそわし、手が震え、足ががくがくしているなどの兆候から覚せい剤使用容疑を深め尿の任意提出を求めたが、虚言を弄してこれを拒否したため、強制採尿令状請求を決意したのが午後４時30分頃、併せてＢ巡査部長がＸに当該令状を請求することを告知した、④東京簡易裁判所裁判官に対し同令状請求がなされたのが午後７時頃、⑤東京簡易裁判所裁判官から同令状が発付されたのが午後７時35分、⑥同令状を留置き現場において呈示したのが午後７時51分、⑦同令状を執行し強制採尿を実施したのが午後８時43分頃、という状況であった。

　そうすると、**「純粋に任意捜査として行われている段階」**における留置き時間は約40分間、続いて**「強制手続への移行段階」**に至った後の留置き（令状請求を決意し請求準備を経て発付まで）の時間は約３時間５分、その後令状執行までは約３時間21分という時間で

あり、これら手続の所要時間としては、捜査実務上も迅速な対応といってよい。この点、平成22年東京高裁判決も「手続の所要時間として、特に著しく長いとまでは認められない。」と述べているとおりである。

　もっとも、本書②事例解説の平成21年東京高裁判決の評価の中でも述べたように、地方の警察署にあっては、裁判所との距離関係からして令状請求のため警察署出発・発付・受領、そして警察署まで戻るという、その移動距離（時には交通渋滞等）を考慮すると、呈示執行までに要する時間は、時には２時間以上を優に超えてしまうこともあり得る。

　そうだとすると、その場合、必然的に**留置き時間が延びることも念頭に置かなければな**らず、被疑者の対応次第によっては、捜査幹部として、**任意性をいかに確保するかに特段**の配慮が求められる。

2　留置きの態様

　留置きの一連の態様をみても、Xの意思を直接抑圧するような行為等はなされておらず、捜査員はXやX車両と一定の距離を置きつつ取り囲んだ状態を保っていた。このときは既に令状請求手続が進行中であり、Xの所在確保の必要性も高い段階にあり、またそのことを考慮しても、Xに対する**行動の制約は必要最小限度にとどまっている**と評価できる。

　平成21年東京高裁判決が、留置きの任意捜査としての適法性を判断するに当たって、留置きが「純粋に任意捜査として行われている段階と、強制採尿令状の執行に向けて行われた段階（以下、便宜上『強制手続への移行段階』という。）とからなっていることに留意する必要があり、両者を一括して判断するのは相当でない」との判断がなされていることから、平成22年東京高裁判決もこの観点から判断を加えている。

　そして、後者の段階においては、強制採尿令状請求のためには、あらかじめ採尿を行う医師を確保することが前提との理解の下で、同令状の発付後、所定の時間内に当該医師の元に被疑者を連行する必要があるため、**令状執行の対象である被疑者の所在確保の必要性**には非常に高いものがあるから、**①強制採尿令状請求が行われていること自体を被疑者に伝えることを条件として、②純粋な任意捜査の場合に比し、相当程度強くその場にとどまるよう被疑者に求めることも許される**と解している。

3　平成22年東京高裁判決の意義

　平成22年東京高裁判決の見解は、実務に対して深い配慮を示した、新たな判断といえるものである。なぜなら、覚せい剤使用容疑が注射痕や言動などから客観的に認められるにもかかわらず、任意採尿の説得に応じない対象者は、薬物の影響を受けていることで、強制採尿令状請求中にも、ときには意味不明の言動を発することや、突然暴れたりすること

があり、任意性に配慮しつつも、これらの行動制止に苦慮することがあるからである。

　そして、平成22年東京高裁判決の示した①については、平成21年東京高裁判決において、「最後に付言する」との異例の断りを入れて、「強制手続への移行段階における留め置きであることを明確にする趣旨で、令状請求の準備手続に着手したら、その旨を対象者に告げる運用が早急に確立されるのが望まれる」と判示していたところ、本判決では、さらに一歩進めて、②の対応について「告知を条件」として、純粋な任意捜査の場合に比し、「相当程度強くその場に止まるよう被疑者に求めることも許される」との新たな判断を示したものであり、これまで学説においても、また判例上においても語られることのなかったものである。

　ところで、問題は、強制採尿令状請求が行われていること自体を被疑者に伝えることを条件として、純粋な任意捜査の場合に比し、「相当程度強くその場に止まるよう被疑者に求めることも許される」とすると、**その許容性と限界をどのように考えるか**である。これについては、本件を踏まえ、1 2(2)記載の実務上の留意点を、再度確認していただきたい。

プラス・アルファ

　吉田雅之「最新・判例解説（第19回）」捜査研究63巻2号37頁は、平成21年東京高裁判決及び平成22年東京高裁判決について、「強制採尿令状の請求準備を開始した旨を被疑者に告げるべきであるとする実質的な根拠には言及していないが、令状請求の準備は、捜査機関の内部において進められるものであり、
①　その告知がなされなければ、被疑者は、令状請求の準備が開始された事実を知ることができないところ、被疑者が、仮にその事実を知っていれば留め置きに抵抗することはなかったのに、その事実を知らなかったために留め置きに抵抗し、その結果、不利益を受けることとなるような事態を避ける必要があること
②　被疑者に対する告知という形で外部的に明確化されることで、裁判所としても、どの時点から令状請求の準備が開始されたのかを把握することがより容易になるといい得ること（もとより、捜査機関内部においては、そのような告知の有無にかかわらず、捜査報告書等に記載されて記録化されることになるが、そのような告知がなされることで、裁判所による事後的な判断に資するといい得る。）
などが考慮された可能性があるように思われる。」と述べている。告知の重要性を理解する上で参考となろう。

4 任意同行を求めるため被疑者を職務質問の現場に長時間違法に留め置いたとしても、その後の強制採尿手続により得られた尿の鑑定書の証拠能力は否定されないとされた事例

〈最高裁平成 6 年 9 月16日第三小法廷決定　刑集48巻 6 号420頁〉

=== 要　旨 ===

①　職務質問を開始した当時、被告人には覚せい剤使用の嫌疑があり、幻覚の存在や周囲の状況を正しく認識する能力の減退など、覚せい剤中毒をうかがわせる異常な言動が見受けられ、かつ、道路が積雪により滑りやすい状態にあったのに、被告人が自動車を発進させるおそれがあったから、エンジンキーを取り上げた行為は、警職法第 2 条第 1 項に基づく職務質問を行うため停止させる方法として必要かつ相当な行為であるのみならず、道交法第67条第 3 項（注：現行は 4 項）に基づき、交通の危険を防止するため採った必要な応急の措置に当たるということができる。

②　その後、被告人の身体に対する捜索差押許可状の執行が開始されるまでの間、被告人による運転を阻止し、約 6 時間半以上も被告人を現場に留め置いた措置は、覚せい剤使用の嫌疑が濃厚になっていたことを考慮しても、任意同行を求めるための説得行為としてはその限度を超え、被告人の移動の自由を長時間にわたり奪った点において、任意捜査として許容される範囲を逸脱したものとして、違法といわざるを得ない。

③　しかし、右職務質問の過程においては、警察官が行使した有形力は、エンジンキーを取り上げてこれを返還せず、あるいは、エンジンキーを持った被告人が車に乗り込むのを阻止した程度であって、さほど強いものでなく、被告人に運転させないため必要最小限度の範囲にとどまるものといえる。また、路面が積雪により滑りやすく、被告人自身、覚せい剤中毒をうかがわせる異常な言動を繰り返していたのに、被告人があくまで磐越自動車道で宮城方面に向かおうとしていたのであるから、任意捜査の面だけでなく、交通危険の防止という交通警察の面からも、被告人の運転を阻止する必要性が高かったというべきである。しかも、被告人が、自ら運転することに固執して、他の方法による任意同行を頑なに拒否するという態度を取り続けたことを考慮すると、結果的に警察官による説得が長時間に及んだのもやむを得なかった面があるということができ、右のような状況から

みて、警察官に当初から違法な留置きをする意図があったものとは認められない。これら諸般の事情を総合してみると、前記のとおり、警察官が、早期に令状を請求することなく長時間にわたり被告人を本件現場に留め置いた措置は違法であるといわざるを得ないが、その違法の程度は、いまだ令状主義の精神を没却するような重大なものとはいえない。

④　身柄を拘束されていない被疑者を採尿場所へ任意に同行することが事実上不可能であると認められる場合には、強制採尿令状の効力として、採尿に適する最寄りの場所まで被疑者を連行することができ、その際、必要最小限度の有形力を行使することができるものと解する。

⑤　本件において、被告人を任意に採尿に適する場所まで同行することが事実上不可能であり、連行のために必要限度を超えて被疑者を拘束したり有形力を加えたものとはみられないし、病院における強制採尿手続にも違法はないというべきである。

⑥　したがって、強制採尿手続に先行する職務質問及び被告人の本件現場への留置きという手続には違法があるといわなければならないが、その違法自体は、いまだ重大なものとはいえないし、強制採尿手続自体には違法な点はないことからすれば、職務質問開始から強制採尿手続に至る一連の手続を全体としてみた場合に、その手続全体を違法と評価し、これによって得られた証拠を被告人の罪証に供することが、違法捜査抑制の見地から相当でないとも認められない。

cf.　刑訴法第 1 条、第197条、第198条、第222条、第218条、第219条、警職法第 2 条、道交法第67条等

▶▶▶ 事案の概要 ◀◀◀

①　福島県会津若松警察署 I 警部補は、平成 4 年12月26日午前11時前頃、被告人X（以下「X」という。）から、同警察署の駐在所に意味のよく分からない内容の電話があった旨の報告を受けたので、Xが電話をかけた自動車整備工場に行き、Xの状況及びその運転していた車両の特徴を聞くなどした結果、覚せい剤使用の容疑があると判断し、立ち回り先とみられる同県猪苗代方面に向かった。

②　同警察署から捜査依頼を受けた同県猪苗代警察署のO巡査は、午前11時すぎ頃、国道49号線を進行中のX運転車両を発見し、拡声器で停止を指示したが、X運転車両は、 2 、 3 度蛇行しながら郡山方面へ進行を続け、午前11時 5 分頃、磐越自動車道猪苗代インターチェンジに程近い同県耶麻郡猪苗代町大字堅田地内の通称堅田中丸交差点の手前（以

下「本件現場」という。）で、Ｏ巡査の指示に従って停止し、警察車両２台もその前後に停止した。当時、付近の道路は、積雪により滑りやすい状態であった。

③　午前11時10分頃、本件現場に到着した同警察署Ｈ巡査部長が、Ｘに対する職務質問を開始したところ、Ｘは、目をキョロキョロさせ、落ち着きのない態度で、素直に質問に応ぜず、エンジンを空ふかししたり、ハンドルを切るような動作をしたため、Ｈ巡査部長は、Ｘ運転車両の窓から腕を差し入れ、エンジンキーを引き抜いて取り上げた。

④　午前11時25分頃、猪苗代警察署から本件現場の警察官に対し、Ｘには覚せい剤取締法違反の前科が４犯あるとの無線連絡が入った。午前11時33分頃、Ｉ警部補らが本件現場に到着して職務質問を引き継いだ後、会津若松警察署の数名の警察官が、午後５時43分頃までの間、順次、Ｘに対し、職務質問を継続するとともに、警察署への任意同行を求めたが、Ｘは、自ら運転することに固執して、他の方法による任意同行をかたくなに拒否し続けた。他方、警察官らは、車に鍵をかけさせるためエンジンキーを一旦Ｘに手渡したが、Ｘが車に乗り込もうとしたので、両脇から抱えてこれを阻止した。そのため、Ｘは、エンジンキーを警察官に戻し、以後、警察官らは、Ｘにエンジンキーを返還しなかった。

⑤　上記④の職務質問の間、Ｘは、その場の状況に合わない発言をしたり、通行車両に大声を上げて近づこうとしたり、運転席の外側からハンドルに左腕をからめ、その手首を右手で引っ張って、「痛い、痛い」と騒いだりした。

⑥　午後３時26分頃、本件現場で指揮を執っていた会津若松警察署Ｓ警部が令状請求のため現場を離れ、会津若松簡易裁判所に対し、Ｘ運転車両及びＸの身体に対する各捜索差押許可状並びにＸの尿を医師をして強制採取させるための捜索差押許可状（以下「強制採尿令状」という。）の発付を請求した。午後５時２分頃、上記各令状が発付され、午後５時43分頃から、本件現場において、Ｘの身体に対する捜索がＸの抵抗を排除して執行された。

⑦　午後５時45分頃、同警察署Ｋ巡査部長らが、Ｘの両腕をつかみＸを警察車両に乗車させた上、強制採尿令状を呈示したが、Ｘが興奮して同巡査部長に頭を打ち付けるなど激しく抵抗したため、Ｘ運転車両に対する捜索差押手続を先行させた。

　ところが、Ｘの興奮状態が続き、なおも暴れて抵抗しようとしたため、同巡査部長らは、午後６時32分頃、両腕を制圧してＸを警察車両に乗車させたまま、本件現場を出発し、午後７時10分頃、同県会津若松市内の総合Ｃ病院に到着した。午後７時40分頃から52分頃までの間、同病院において、Ｘをベッドに寝かせ、医師がカテーテルを使用してＸの尿を採取した。その尿の一部について、同病院内において「尿中覚せい剤簡易予試験法（吸着チップ法）」で試験したところ、陽性反応を示した。

⑧　午後8時10分頃、Xに会津若松警察署への任意同行を求めたところ、なおも暴れたり
したため、腕などを制圧して同署に至り、午後10時35分頃、覚せい剤成分含有の鑑定結
果が出たので緊急逮捕した。

《《Check Point》》

〈弁護人の上告理由〉

　　原判決は、鑑定書を覚せい剤取締法違反の犯罪事実の認定資料としているが、右鑑定書は、
重大な違法手続に依拠して収集されたものであり、その証拠能力を否定されるべきものであ
る。しかし、原判決は、鑑定書の証拠能力を肯定しており、これは、最高裁判所の判例と相
反する判断であるなどと主張した。

▷▷▷ 裁判所の判断 ◁◁◁

「二　以上の経過に即して被告人の尿の鑑定書の証拠能力について検討する。

1　本件における強制採尿手続は、被告人を本件現場に6時間半以上にわたって留め置
　　いて、職務質問を継続した上で行われているのであるから、その適法性については、
　　それに先行する右一連の手続の違法の有無、程度をも十分考慮してこれを判断する必
　　要がある（最高裁昭和60年（あ）第427号同61年4月25日第二小法廷判決・刑集40巻
　　3号215頁参照）。

2　そこで、まず、被告人に対する職務質問及びその現場への留め置きという一連の手
　　続の違法の有無についてみる。

　㈠　職務質問を開始した当時、被告人には覚せい剤使用の嫌疑があったほか、幻覚の
　　　存在や周囲の状況を正しく認識する能力の減退など覚せい剤中毒をうかがわせる異
　　　常な言動が見受けられ、かつ、道路が積雪により滑りやすい状態にあったのに、被
　　　告人が自動車を発進させるおそれがあったから、前記の被告人運転車両のエンジン
　　　キーを取り上げた行為は、**警察官職務執行法2条1項に基づく職務質問を行うため**
　　　停止させる方法として必要かつ相当な行為であるのみならず、**道路交通法67条3項**
　　　（注：現行は4項）に基づき交通の危険を防止するため採った必要な応急の措置に
　　　当たるということができる。

　㈡　これに対し、その後被告人の身体に対する捜索差押許可状の執行が開始されるま
　　　での間、警察官が被告人による運転を阻止し、約6時間半以上も被告人を本件現場
　　　に留め置いた措置は、当初は前記のとおり適法性を有しており、被告人の覚せい剤
　　　使用の嫌疑が濃厚になっていたことを考慮しても、**被告人に対する任意同行を求め**

るための説得行為としてはその限度を超え、被告人の移動の自由を長時間にわたり奪った点において、任意捜査として許容される範囲を逸脱したものとして違法といわざるを得ない。

（三） しかし、右職務質問の過程においては、**警察官が行使した有形力は**、エンジンキーを取り上げてこれを返還せず、あるいは、エンジンキーを持った被告人が車に乗り込むのを阻止した程度であって、さほど強いものでなく、**被告人に運転させないため必要最小限度の範囲にとどまる**ものといえる。また、路面が積雪により滑りやすく、被告人自身、覚せい剤中毒をうかがわせる異常な言動を繰り返していたのに、被告人があくまで磐越自動車道で宮城方面に向かおうとしていたのであるから、**任意捜査の面だけでなく、交通危険の防止という交通警察の面からも、被告人の運転を阻止する必要性が高かった**というべきである。

しかも、被告人が、自ら運転することに固執して、他の方法による任意同行をかたくなに拒否するという態度を取り続けたことを考慮すると、結果的に警察官による説得が長時間に及んだのもやむを得なかった面があるということができ、右のような状況からみて、**警察官に当初から違法な留め置きをする意図があったものとは認められない**。

これら諸般の事情を総合してみると、前記のとおり、警察官が、早期に令状を請求することなく長時間にわたり被告人を本件現場に留め置いた措置は違法であるといわざるを得ないが、その違法の程度は、いまだ令状主義の精神を没却するような重大なものとはいえない。

3 次に、強制採尿手続の違法の有無についてみる。

（一） 記録によれば、強制採尿令状発付請求に当たっては、職務質問開始から午後1時すぎころまでの被告人の動静を明らかにする資料が疎明資料として提出されたものと推認することができる。

そうすると、**本件の強制採尿令状は、被告人を本件現場に留め置く措置が違法とされるほど長期化する前に収集された疎明資料に基づき発付された**ものと認められ、その発付手続に違法があるとはいえない。

（二） 身柄を拘束されていない被疑者を採尿場所へ任意に同行することが事実上不可能であると認められる場合には、**強制採尿令状の効力として、採尿に適する最寄りの場所まで被疑者を連行することができ、その際、必要最小限度の有形力を行使することができる**ものと解するのが相当である。けだし、そのように解しないと、強制採尿令状の目的を達することができないだけでなく、このような場合に**右令状を発付する裁判官は、連行の当否を含めて審査し、右令状を発付した**ものとみられるか

らである。

　その場合、右令状に、被疑者を採尿に適する最寄りの場所まで連行することを許可する旨を記載することができることはもとより、被疑者の所在場所が特定しているため、そこから最も近い特定の採尿場所を指定して、そこまで連行することを許可する旨を記載することができることも、明らかである。

　本件において、被告人を任意に採尿に適する場所まで同行することが事実上不可能であったことは、前記のとおりであり、連行のために必要限度を超えて被疑者を拘束したり有形力を加えたものとはみられない。また、前記病院における強制採尿手続にも、違法と目すべき点は見当たらない。したがって、本件強制採尿手続自体に違法はないというべきである。

4　以上検討したところによると、本件強制採尿手続に先行する職務質問及び被告人の本件現場への留め置きという手続には違法があるといわなければならないが、その違法自体は、いまだ重大なものとはいえないし、本件強制採尿手続自体には違法な点はないことからすれば、職務質問開始から強制採尿手続に至る一連の手続を全体としてみた場合に、その手続全体を違法と評価し、これによって得られた証拠を被告人の罪証に供することが、違法捜査抑制の見地から相当でないとも認められない。

5　そうであるとすると、被告人から採取された尿に関する鑑定書の証拠能力を肯定することができ、これと同旨の原判断は、結論において正当である。」

解　説

1　留置きにかかる平成6年最高裁決定の核心部分

　本決定の核心部分は、Xに対する職務質問開始時から、強制採尿令状執行前になされたXの身体に対する捜索差押許可状執行までの約6時間半以上にわたり、Xに対する車両運転阻止をも含めてXを本件現場に留め置いた措置の適法性の問題である。

　この留置きについて、平成6年最高裁決定は「被告人の覚せい剤使用の嫌疑が濃厚になっていたことを考慮しても、被告人に対する任意同行を求めるための説得行為としてはその限度を超え、被告人の移動の自由を長時間にわたり奪った点において、任意捜査として許容される範囲を逸脱したものとして違法といわざるを得ない。」と判断している。

　では、本件では、いかなる理由により、約6時間半以上にわたりXを現場に留め置くこととなったのであろうか。この点は、Xの言動等に照らし、職務質問の早い段階から覚せい剤使用の嫌疑が濃厚になっており、強制採尿令状の請求が可能となっていたにもかかわ

らず、あくまで会津若松警察署への**任意同行にこだわりすぎて、その説得を続けたがゆえに当該令状請求が非常に遅くなったからである**と考えられる。

2　本件現場における約6時間半以上に及ぶ留置きについて実務的視点からの評価

　平成6年最高裁決定は、Xに対する職務質問開始時から、強制採尿令状執行前になされたXの身体に対する捜索差押許可状執行までの約6時間半以上にわたり、Xを本件現場に留め置いた措置について、任意同行を求めるための説得行為としてはその限度を超え、移動の自由を長時間にわたり奪った点において、任意捜査として許容される範囲を逸脱したものとして違法と判断している。

　そこで、この点について時系列で確認すると、

①　午前10時40分頃、X運転車両の故障の修理が済んだことにつき、Xから会津若松警察署管下の駐在所勤務のF巡査部長のもとに、警察官が車両の誘導等に関わらなかったにもかかわらず、「昨晩は車の誘導をしてもらってありがとうございました。シャブで警察が何人も動いているでしょう。」との不審な架電がなされたことを端緒に本件事案が発覚

②　X運転車両が修理工場から立ち去ったため、即、会津若松警察署から猪苗代警察署への捜査依頼

③　午前11時10分頃、猪苗代警察署のH巡査部長が、X車両を停止させて職務質問を開始すると、Xは目をキョロキョロさせ、落ち着きのない態度であり、「取調べが終わったら早く帰してくれ。俺は覚せい剤の前科はあるが、早く目的地の宮城へ行かなくてはならない。」などの言動とともに、路面が積雪で滑りやすい状況にもかかわらず、エンジンの空ふかしやハンドルを切るような動作に、H巡査部長が危険と判断し、エンジンキーを取り上げ

④　午前11時25分頃、猪苗代警察署の前科照会によりXには覚せい剤取締法違反前科が4犯あることが判明

⑤　午前11時20分頃、本件現場に会津若松警察署のF巡査部長が、午前11時33分頃、同じくI警部補、A巡査部長が到着し、猪苗代署員からの職務質問を引き継ぐ（エンジンキーはI警部補らに引き継がれる）

⑥　午前11時38分頃、続いてY警部補、K警部補が到着、更に午後1時15分頃にU警部補が加わり、会津若松署への任意同行を求めるため説得を継続、他方、Xは自ら運転することに固執し、他の方法による任意同行を頑なに拒否

⑦　午後3時頃、刑事課長のS警部が臨場、Xを説得したが、なおも任意同行を拒否、S警部はXに「令状を持ってくれば（採尿に）協力できるんだな。」と確認すると、

　　Ｘは「持ってくるなら持ってきてみろ」との言動

⑧　午後３時26分頃、Ｓ警部はＸに対する強制採尿令状請求を決断、その請求のため現場を離れる

⑨　午後４時20分頃、会津若松簡易裁判所に令状請求（覚せい剤取締法違反被疑事件につきＸ運転車両及びＸの身体に対する各捜索差押許可状、Ｘの尿の強制採取のための強制採尿令状）

⑩　午後５時２分頃、裁判所から各令状発付

⑪　午後５時43分頃から本件現場においてＸの身体、次いで午後５時48分頃からＸ運転車両の各捜索（午後５時45分頃、強制採尿令状を呈示したが、Ｘが興奮して激しく抵抗したため、Ｘ運転車両の捜索・差押えを先行させた）

⑫　Ｘの興奮状態が続き暴れて抵抗しようとしたため、午後６時32分頃、両腕を制圧して、警察車両にて午後７時10分頃、会津若松市内の総合Ｃ病院に到着

⑬　午後７時40分頃から52分頃までの間、同病院において、医師が採尿を行った

という経緯である。

　このうち、平成６年最高裁決定は、③午前11時10分頃から職務質問の開始と任意同行を求める説得のための現場における留置きを継続、⑪午後５時43分頃からのＸの身体に対する令状執行までの間における約６時間半以上に及んだ時間的経過を違法な留置きと判断したのである。

(1)　Ｘを任意同行するための対応

　会津若松署員の対応を実務的な視点からみると、まず、本件の平成４年12月26日は土曜日であり、当直責任者であるＴ警部は、日直長（警察署長に代わって事案対応についての責任者）として、管下の駐在所勤務のＦ巡査部長から、午前10時40分頃、覚せい剤使用の疑いのある男から意味不明の電話を受けたとの報告を受理し、Ｘに対する事件指揮を担うことになったものである。そして、同署の規模からすると、日直体制は、交代制勤務である地域警察官を除き、警察事象に対処するため、警務・防犯（生活安全）・刑事・交通等の各課から編成された人員は約10名程度ではなかったかと推測される。

　そして、日直長Ｔ警部の初動対応は、Ｘが自動車を修理した整備工場に駐在所勤務のＦ巡査部長とＩ警部補とを派遣し、Ｘの状況及びその運転していた車両の特徴を聴取した結果、覚せい剤使用の容疑があると判断し、立ち回り先とみられる同県猪苗代方面に向かったことを把握し、猪苗代署に同車両の検索、捜査依頼をするとともに、Ｉ警部補らを同方向に向けており、その対応は的確であった。

他方、会津若松署から捜査依頼を受けた猪苗代署の初動措置も良く、同署O巡査は、午前11時すぎ頃、国道上を2、3度蛇行しながら進行中のX運転車両を発見し、拡声器で停止を指示し、午前11時5分頃本件現場で停止させている。午前11時10分頃、本件現場に到着した同署のH巡査部長が、Xに対する職務質問を開始し、Xが目をキョロキョロさせ、落ち着きのない態度で、素直に質問に応ぜず、エンジンを空ふかししたり、ハンドルを切るような動作をしていたことから、道路は、積雪により滑りやすい状態であり、交通上も危険があると判断し、エンジンキーを引き抜いた行為も適切な対応といえる。

さらに、午前11時25分頃、猪苗代署からの無線連絡により、Xの覚せい剤取締法違反の前科4犯との事実を把握している。その後、まもなく、午前11時20分頃に会津若松署のF巡査部長が、午前11時33分頃には同署のI警部補、A巡査部長が本件現場に到着して、猪苗代署員から職務質問を引き継いでいる。続いて、午前11時38分頃に会津若松署のY警部補、K警部補が到着している。

すると、日直長であるT警部の指揮のもとに、正午までに、本件現場に到着していた会津若松署員は、3名の警部補、2名の巡査部長が集結して、同署への任意同行を求めるための説得行為に入っている。午後1時15分頃には、同署のU警部補も加わっており、このように限られた日直勤務員を割いてXの所在する他署管内に派遣しており、その意気込みは十分評価できよう。

(2)　強制採尿令状請求（強制捜査）に移行するか否かについて見極め遅れの問題

さて、問題は、当初からXは意味不明な言動（駐在所勤務のF巡査部長との会話でシャブなどと覚せい剤常習者特有の隠語を話すなどその応答異常）をし、走行中に蛇行運転、覚せい剤取締法違反の前科4犯、職務質問中も目をキョロキョロさせ、落ち着きのない態度、素直に質問に応ぜず、エンジンの空ふかしやハンドルを切るような動作など、判決も述べるように「覚せい剤中毒をうかがわせる異常な言動を繰り返していた」ことである。

そうであるから、**任意採尿を求めるための前提として、その任意同行を頑なに拒んでいる以上、説得に見切りをつけて、強制採尿令状を請求して強制捜査への移行手続を速やかに踏むべきであった**といえるのである。

この場合、Xが駐在所に通報を寄せた際の意味不明の言動からして、覚せい剤使用の容疑が濃厚であったことから、午前11時38分頃には、日直長T警部の指揮の下に、本件現場に到着していた会津若松署員5名（警部補3名、巡査部長2名）が、それぞれXに対し同署への任意同行を求めるための説得行為に入ったにもかかわらず、これに対して任意同行を頑なに拒んでいるのであるから、少なくとも同日正午頃には、強制採尿令状請求に移行することも可能になっていたといえよう。

この点、中谷雄二郎『最高裁判所判例解説　刑事篇（平成6年版）』（法曹会、1996年）192頁は、「本件では、会津若松警察署の警察官が引き継いだ後の午後零時ころまでに、強制採尿令状を請求する方針が決まっておれば、遅くとも午後3時ころまでには、被告人に令状を示してその執行に着手することができたものと思われる。」と判断の遅れを指摘している。

　本件では、午後3時頃、刑事課長であるS警部が本件現場に臨場し、Xに任意同行に応ずるよう説得したが、なおもこれを拒んでいることから、最終的に午後3時26分、強制採尿令状請求のために、現場を離れた。本来であれば、事件主管課長である防犯課長（現在は、刑事課長、銃器薬物担当課長等が主管する）が臨場すべきところ、相当時間が経過して刑事課長が臨場しているところを見ると、その間の経緯が不明であるが、それが令状請求着手の判断の遅れに影響を及ぼしたのではないかとも思われる。

　もっとも、長時間の説得行為の結果、留置きが長時間に及んだのは、強制採尿に係る昭和55年最高裁決定を念頭に、強制採尿は、「犯罪の捜査上真にやむをえないと認められる場合には、最終的手段として」なされる必要があることから、努めて任意捜査を尽くし、同署への任意同行後に、任意採尿を得て、事件化を図ろうとしたとみることもできる。

昭和55年最高裁決定刑集34巻5号300頁は、強制採尿令状発付の要件として、「被疑事件の重大性、嫌疑の存在、当該証拠の重要性とその取得の必要性、適当な代替手段の不存在等の事情に照らし、犯罪の捜査上真にやむをえないと認められる場合には、最終的手段として、適切な法律上の手続を経てこれを行うことも許されてしかるべきであり、ただ、その実施にあたっては、被疑者の身体の安全とその人格の保護のため十分な配慮が施されるべきものと解するのが相当である。」と判示している。

　確かに、その姿勢は、昭和55年最高裁決定の趣旨に沿うものといえるが、本件における覚せい剤常用をうかがわせるXの言動、車両運転時の危険な運転態様、覚せい剤前歴等を踏まえれば、速やかな強制採尿令状請求の決断をすべき事案であったといえるのである。

　この点、平成6年最高裁決定の「被告人の身体に対する捜索差押許可状の執行が開始されるまでの間、警察官が被告人による運転を阻止し、約6時間半以上も被告人を本件現場に留め置いた措置は、当初は前記のとおり適法性を有しており、被告人の覚せい剤使用の嫌疑が濃厚になっていたことを考慮しても、被告人に対する任意同行を求めるための説得

行為としてはその限度を超え、被告人の移動の自由を長時間にわたり奪った点において、任意捜査として許容される範囲を逸脱したものとして違法と言わざるを得ない。」との判断は正鵠を得たものといえるし、Xのような対象者に対しては、速やかに見切りをつけて強制捜査に移行すべきことを捜査員に教示している判決ともいえるのである。

プラス・アルファ

　この点、中谷雄二郎『最高裁判所判例解説刑事篇（平成6年版）』（法曹会）186頁は、「本件は、強制採尿令状を請求して強制捜査に移行するか、そのまま被告人を解放するかについての警察官の見極めが遅れたため、結果として令状に基づくことなく被告人の移動の自由を長時間奪った点において違法とされたものであり、本決定は、右の点の違法を宣言することにより、警察官に対し、迅速かつ適切な対応を求めたものと思われる。」と評しており、傾聴に値する。

　また、池田修・前田雅英『刑事訴訟法講義［第5版］』（東京大学出版会、2014年）117頁は、「裁判所が、『捜査官の令状請求をすべきか否かの迷い』から生じる被疑者の不利益は看過し得ないと考え、留め置きを違法としたのは、決して不合理ではない。警察官は、身柄を拘束していなくても、実質的に自由を侵害している場合には、迅速かつ適切な対応が必要となる。」と評している。

5 | 留置きについての平成21年東京高裁判決及び平成22年東京高裁判決が示した新たな判断枠組みを踏まえ、平成6年最高裁決定をどう理解するか

次に検討しなければならないのは、留置きについて違法と判断した平成6年最高裁決定から、その後、留置きにつき平成21年東京高裁判決及び平成22年東京高裁判決が示した、新たな判断枠組みを読み取ることができるかどうかの問題である。

1　平成6年最高裁決定における判示

その手がかりの1つ目に、平成6年最高裁決定における次の判示部分がある。

① 「被告人の身体に対する捜索差押許可状の執行が開始されるまでの間、警察官が被告人による運転を阻止し、約6時間半以上も被告人を本件現場に留め置いた措置は、当初は前記のとおり適法性を有しており、被告人の覚せい剤使用の嫌疑が濃厚になっていたことを考慮しても、被告人に対する**任意同行を求めるための説得行為としてはその限度を超え、被告人の移動の自由を長時間にわたり奪った点において、任意捜査として許容される範囲を逸脱したものとして違法といわざるを得ない。**」

② 「職務質問の過程においては、警察官が行使した有形力は、エンジンキーを取り上げてこれを返還せず、あるいは、エンジンキーを持った被告人が車に乗り込むのを阻止した程度であって、さほど強いものでなく、被告人に運転させないため必要最小限度の範囲にとどまるものといえる。また、路面が積雪により滑りやすく、被告人自身、覚せい剤中毒をうかがわせる異常な言動を繰り返していたのに、被告人があくまで磐越自動車道で宮城方面に向かおうとしていたのであるから、**任意捜査の面だけでなく、交通危険の防止という交通警察の面からも、被告人の運転を阻止する必要性が高かった**というべきである。しかも、被告人が、自ら運転することに固執して、他の方法による任意同行をかたくなに拒否するという態度を取り続けたことを考慮すると、結果的に警察官による説得が長時間に及んだのもやむを得なかった面があるということができ、右のような状況からみて、警察官に当初から違法な留め置きをする意図があったものとは認められない。これら諸般の事情を総合してみると、前記のとおり、**警察官が、早期に令状を請求することなく長時間にわたり被告人を本件現場に留め置いた措置は違法であるといわざるを得ないが、その違法の程度は、いまだ令状主義の精神を没却するような重大なもの**とはいえない。」

③ 「記録によれば、**強制採尿令状発付請求に当たっては、職務質問開始から午後1時す**

ぎころまでの被告人の動静を明らかにする資料が疎明資料として提出されたものと推認することができる。そうすると、本件の強制採尿令状は、被告人を本件現場に留め置く措置が違法とされるほど長期化する前に収集された疎明資料に基づき発付されたものと認められ、その発付手続に違法があるとはいえない。」

2　『最高裁判所判例解説　刑事篇（平成 6 年版）』の指摘

その手がかりの 2 つ目に、次のように指摘する中谷雄二郎『最高裁判所判例解説　刑事篇（平成 6 年版）』（法曹会、1996年）186頁がある。

本件は、強制採尿令状を請求して強制捜査に移行するか、そのまま被告人を解放するかについての警察官の見極めが遅れたため、結果として令状に基づくことなく被告人の移動の自由を長時間奪った点において違法とされたものであり、本決定は、右の点の違法を宣言することにより、警察官に対し、迅速かつ適切な対応を求めたものと思われる。

3　「純粋な任意捜査段階」と強制採尿令状の発付・執行に向けた「強制手続への移行段階」への当てはめ

平成 6 年最高裁決定が、X に対する捜索差押許可状の執行が開始されるまでの間、その運転を阻止し、約 6 時間半以上も本件現場に留め置いた措置について、任意同行を求めるための「説得行為としてはその限度を超え、被告人の移動の自由を長時間にわたり奪った点において、任意捜査として許容される範囲を逸脱したものとして違法といわざるを得ない。」（上記 1 ①）と結論づけたところを見ると、同決定は、**留置き全体が任意同行を求めるための説得目的にあったことを前提に、留置きの適否を判断**しているといえる。

すると、平成 6 年最高裁決定は、平成21年東京高裁判決及び平成22年東京高裁判決が示した新たな判断枠組みである「純粋な任意捜査段階」と、強制採尿令状の発付・執行に向けた「強制手続への移行段階」との区別を特に意識していないようにみえる。

したがって、平成 6 年最高裁決定からは、留置きについて、平成21年東京高裁判決及び平成22年東京高裁判決が示した新たな判断枠組みを読み取ることができないように思える。

しかし、平成 6 年最高裁決定で「警察官が、早期に令状を請求することなく長時間にわたり被告人を本件現場に留め置いた措置は違法であるといわざるを得ない」とする文言（上記 1 ②）、「強制採尿令状発付請求に当たっては、職務質問開始から午後 1 時すぎころまでの被告人の動静を明らかにする資料が疎明資料として提出されたものと推認することができる」とする文言（上記 1 ③）、「本件は、強制採尿令状を請求して強制捜査に移行するか、そのまま被告人を解放するかについての警察官の見極めが遅れたため、結果として令状に基づくことなく被告人の移動の自由を長時間奪った点において違法とされた。」と

の中谷解説（上記２）、更に「本件では、会津若松警察署の警察官が引き継いだ後の午後零時ころまでに、強制採尿令状を請求する方針が決まっておれば、遅くとも午後３時ころまでには、被告人に令状を示してその執行に着手することができたものと思われる。」との中谷解説を総合すると、**強制採尿令状請求という「強制手続への移行段階」前の「純粋な任意捜査段階」を違法と判断したもの**と読み取ることができる。

すると、平成６年最高裁決定における事案を「純粋な任意捜査段階」と強制採尿令状の発付・執行に向けた「強制手続への移行段階」とに当てはめて検討することも可能となる。

したがって、平成６年最高裁決定はその文言から、留置き全体に及んだ約６時間半の違法判断がその核心部分であるが、以下(1)アのとおり、直接的には「純粋な任意捜査段階」における留置きである『４時間16分』を違法と判断したものと考えられる。

他方、Ｓ警部が現場臨場しＸに任意同行に応ずるよう説得するも、なおもこれを拒んでいるため、最終的に午後３時26分、強制採尿令状請求に着手することとした「強制手続への移行段階」についての判断は直接的にしていないとみることができる。

プラス・アルファ

大澤裕「強制採尿に至る被疑者の留め置き」研修第770号（2012年）９頁も、
「平成６年判例は、約６時間半以上に及んだ長時間の留め置きのうち、直接には、『強制捜査に移行するか……についての警察官の見極め』以前の部分、すなわち令状請求準備着手前の部分を違法としたことになる。」、また、「平成６年判例は、令状請求準備着手後の留め置きそれ自体については、直接の判断を示していない」
と解している。

それでは、ちなみに平成６年最高裁決定における事案を「純粋な任意捜査段階」と強制採尿令状の発付・執行に向けた「強制手続への移行段階」とに当てはめてみることとする。

(1)　純粋な任意捜査段階

ア　平成６年最高裁決定

純粋な任意捜査段階の開始時点は、会津若松署から捜査依頼を受けた猪苗代署のＯ巡査が午前11時すぎ頃、国道上を２、３度蛇行しながら進行中のＸ運転車両を発見し、拡声器で停止を指示し、午前11時５分頃本件現場で停止させ、その後、午前11時10分頃、現場到着した同署のＨ巡査部長が、Ｘに対する職務質問を開始したところ、Ｘは目をキョロキョ

---

(11)　中谷雄二郎『最高裁判所判例解説　刑事篇（平成６年版）』（法曹会）192頁。

ロさせ、落ち着きのない態度で、素直に質問に応ぜず、エンジンを空ふかししたり、ハンドルを切るような動作をしたため、道路は、積雪により滑りやすい状態であり、交通上も危険であると判断し、H巡査部長がX車両の窓から腕を差し入れ、エンジンキーを引き抜いて取り上げたときからである。

以後の時間的経過に合わせて署員の対応をみると、午前11時25分頃、猪苗代署の前科照会により、Xには覚せい剤取締法違反前科が4犯あることが判明、午前11時20分頃、会津若松署のF巡査部長が、午前11時33分頃、同じく会津若松署のI警部補、A巡査部長が本件現場到着して、猪苗代署員から職務質問を引き継いだ。更に、午前11時38分頃、会津若松署のY警部補、K警部補が到着、午後1時15分頃、会津若松署のU警部補も加わり、同署への任意同行を求めるべく説得したが、Xは頑なに拒否し続けた。その後、午後3時頃、本件現場に会津若松署刑事課長であるS警部が臨場するに至り、同警部もXを説得するもこれに応ぜず、そのため、同警部は午後3時26分頃、強制採尿令状請求を決断している。

すると、強制手続への移行段階前の純粋な任意捜査段階は、猪苗代署のH巡査部長がXに対する職務質問を開始した午前11時10分頃から、会津若松署S警部が強制採尿令状請求を決断した午後3時26分頃までの『4時間16分』がこれに相当するといえる。

そこで、『4時間16分』をどのように評価するかが問題となる。まず、「純粋な任意捜査段階」における留置きを比較するため、再度、平成21年東京高裁判決と平成22年東京高裁判決をみる。

　イ　平成21年東京高裁判決

平成21年東京高裁判決が、留置きにつき、純粋に任意捜査として行われている段階にあると評価したその経緯をみると、Xがパトカーで午後5時50分頃にK署に到着し、Xは自分の孫とみられる相手と携帯電話で通話したりした後、歩いて同署の階段を上がり、午後6時頃、同署刑事組織犯罪対策課2号取調べ室に入った後に、同署の丙川警部補らから、尿を提出するよう求められたが、これを拒絶したため、午後6時30分頃、強制採尿令状請求準備に入ったことを捉えて、「被告人が本件取調室に入室して強制採尿令状の請求準備が開始されるまでに要した時間は30分程度であり」、しかも、「当初、任意提出に応じるかのような言動もしたり、長女や呼び寄せた妻の到着を待つような言動を取ったりしていたから、そのような事情があった一定時間内は、被告人が本件取調室内に滞留することが、その意思に反するものではなかったといえる。また、その間やその直後に、警察官らが被告人の意思を制圧するような有形力を行使するなどしたことはうかがわれない。」として、30分間の留置き行為について、違法な点はなかったと判断した。

　ウ　平成22年東京高裁判決

　平成22年東京高裁判決は、Ｂ巡査部長らが午後３時50分頃、Ｘに対して職務質問を行い、その際、左腕肘内側に真新しい注射痕２個を発見し、またＸが、そわそわし、手が震え、足ががくがくしていたため、規制薬物使用の疑いを強めたＢ巡査部長は、尿の任意提出を求めたが、これを拒み、応じようとしなかったため、午後４時30分頃、Ｘに対する強制採尿令状請求に着手したことを捉えて、「Ｂ巡査部長らが被告人に対して職務質問を開始した経緯や、被告人の挙動、腕の注射痕の存在等から尿の任意提出を求めたことには何ら違法な点はない。そして、注射痕の理由や尿の任意提出に応じられないとする理由が、いずれも虚偽を含む納得し得ないものであったことや、後に警察署に出頭して尿を任意提出するとの被告人の言辞も信用できないとして、午後４時30分頃の時点で強制採尿令状の請求に取りかかったことも、原判決が認定する事情の下では、当然の成り行きであって、妥当な判断というべきである。そして、この間の時間は約40分間であって、警察官から特に問題とされるような物理力の行使があったようなことも、被告人自身述べていない。」と認定し、約40分間の留置き行為について、違法な点はなかったと判断した。

(2)　強制採尿令状の発付・執行に向けた「強制手続への移行段階」

　次に、平成６年最高裁決定の事案を強制手続への移行段階に当てはめてみると、その段階は、会津若松署刑事課長であるＳ警部が午後３時頃、本件現場に臨場し、Ｘに任意同行に応ずるよう説得したが、Ｘはこれに応ぜず、その際「令状を持ってくれば（採尿に）協力できるんだな。」と確認したところ、Ｘは「持ってくるなら持ってきてみろ」と言ったため、同警部が午後３時26分頃、強制採尿令状請求のために現場を離れたところからである。Ｘとの会話状況からもそのことは明らかである。その後、午後４時20分頃会津若松簡易裁判所に対し、覚せい剤等の差押えを目的とするＸ運転車両及びＸの身体に対する各捜索差押許可状、並びにＸの強制採尿令状の発付請求により、午後５時２分頃各令状が発付され、午後５時43分頃から本件現場においてＸの身体の捜索を、午後５時45分頃強制採尿令状を呈示し、午後５時48分頃からＸ運転車両の捜索がなされた。

　この間、強制手続への移行段階における所要時間は、午後５時45分頃強制採尿令状を呈示するまで２時間余であったが、少なくとも午後零時頃までに見切りをつけて、強制採尿令状請求手続に入ったとしたならば、遅くとも午後２時過ぎ頃には各令状が発付されていたことになろう。

(3)　平成６年最高裁決定が示唆したとみられる捜査現場への警鐘

　平成６年最高裁決定の事案では、純粋な任意捜査段階は、猪苗代署のＨ巡査部長が午前

11時10分頃Ｘに対する職務質問を開始し、その後会津若松署員が引継ぎを受け、Ｘに対して任意同行、任意採尿のための説得を試みるが、Ｘはこれを拒絶しているため、同署Ｓ警部が臨場し、強制採尿令状請求を決断した午後３時26分頃までの『４時間16分』がこれに相当する。

　まず、Ｘの覚せい剤使用の影響と思われる客観的事実が顕著であったことにつき、事案発覚当初から捜査員にも情報共有がなされていたことは確かなことであり、同決定も「職務質問を開始した当時、被告人には覚せい剤使用の嫌疑があったほか、幻覚の存在や周囲の状況を正しく認識する能力の減退など覚せい剤中毒をうかがわせる異常な言動が見受けられ、かつ、道路が積雪により滑りやすい状態にあったのに、被告人が自動車を発進させるおそれがあった」と認定しているとおりである。

　この点、前掲中谷解説192頁もこれらの客観的事実を前提に、「会津若松警察署の警察官が引き継いだ後の午後零時ころまでに、強制採尿令状を請求する方針が決まっておれば、遅くとも午後３時ころまでには、被告人に令状を示してその執行に着手することができたものと思われる。」と**強制採尿令状請求の決断の遅れを指摘**している。

　平成６年最高裁決定が、強制採尿手続の違法の有無の判断の中で、「記録によれば、強制採尿令状発付請求に当たっては、職務質問開始から午後１時すぎころまでの被告人の動静を明らかにする資料が疎明資料として提出されたものと推認することができる。」としていることからすると、少なくとも、午後零時頃から午後１時すぎ頃までには、Ｘに対する説得を断念し、強制採尿令状請求手続に入るべきであったといえるのである。

　そして、同決定がＸの尿にかかる鑑定書に証拠能力を付与すべきか否か、違法収集証拠として排除相当かどうかの判断の中で、「早期に令状を請求することなく長時間にわたり被告人を本件現場に留め置いた措置は違法であるといわざるを得ない」と評しているように、最高裁の意向を推し量るならば、**この事案は、当初からＸが覚せい剤中毒をうかがわせる異常な言動を繰り返していたのであるから、速やかに強制採尿令状を請求して、事案**

プラス・アルファ

　もっとも本件では、①行使された有形力はエンジンキーの取り上げ・車両への乗り込みを阻止した程度で必要最小限度の範囲にとどまり、②交通危険の防止という交通警察の点から運転を阻止する必要性が高く、③Ｘが自ら運転することに固執し、他の方法での任意同行を頑なに拒否するという態度を取り続けたことを考慮すると、結果的に説得が長時間に及んだのもやむを得なかった面があり、警察官に当初から違法な留置きをする意図があったとは認められず、その違法の程度は令状主義の精神を没却するような重大なものとはいえないとされ、尿に関する鑑定書の証拠能力は認められた（詳細は④事例の「裁判所の判断」参照。）。

の解明を図るべきであったとの見解を述べていると考えられるのである。

　この点につき、前掲中谷解説186頁が「本件は、強制採尿令状を請求して強制捜査に移行するか、そのまま被告人を解放するかについての警察官の見極めが遅れたため、結果として令状に基づくことなく被告人の移動の自由を長時間奪った点において違法とされたものであり、本決定は、右の点の違法を宣言することにより、警察官に対し、迅速かつ適切な対応を求めたものと思われる。」と評しているように、最高裁が、このような状況における警察官の判断につき、「迅速かつ適切な対応を求めた」ものと考えられる。

　したがって、これらを踏まえ、実務的な視点から、純粋な任意捜査段階をみると、Xは幻覚や周囲の状況を正しく認識する能力の減退など覚せい剤中毒をうかがわせる異常な言動に加え、積雪により滑りやすい道路状態にあったのに、自動車を発進させる危険性が高かったことを考慮すると、猪苗代署員がXに対する職務質問を開始した午前11時10分頃から、会津若松署員が引継ぎを受け、Xに対して任意同行、任意採尿のための説得を試みるのは、少なくとも午後零時頃までであり、**この段階でXの説得に見切りをつけて、強制採尿令状請求手続に入るべきであった**といえるのである。すると、純粋な任意捜査段階における留置き時間は、『約50分』程度となる。

　本件のように『4時間16分』は長きに失するし、むしろ判決文からすると、Xに対する留置き行為を実質的な身柄拘束に相当するものとみているのではないかとも読み取ることができる。(12)

---

(12)　この点につき、大澤裕「強制採尿に至る被疑者の留め置き」研修770号9頁も、「平成6年判例の事案では、少なくとも、令状請求準備着手前のある時点では、説得がその許される限度を超え、それ以降、説得を目的として被疑者を留め置く必要性も失われていたといえるであろう。」と評している。

⑥ 尿の提出及び押収手続は違法性を帯びるが尿についての鑑定書の証拠能力は否定されないとされた事例

〈最高裁昭和61年 4 月25日第二小法廷判決　刑集40巻 3 号215頁〉

　これまで、留置きの適否について判断した平成 6 年最高裁決定、二分説（論）を採用し、その適否を判断した平成21年東京高裁判決及び平成22年東京高裁判決に言及してきたが、これらを前提に、さらに留置きの適否をめぐる判例（裁判例）について検討する。

　まず、同じく覚せい剤事犯における尿の任意提出、当該尿についての鑑定書の証拠能力が争われた事案で、それを判断する前提として警察署への任意同行・留置きの適否が問題とされた最判昭和61年 4 月25日刑集40巻 3 号215頁（以下「昭和61年最高裁判決」という。）について検討する。

要　旨

① 　本件においては、被告人宅への立入り、同所からの任意同行及び警察署への留置きの一連の手続と採尿手続は、被告人に対する覚せい剤事犯の捜査という同一目的に向けられたものである上、採尿手続は一連の手続によりもたらされた状態を直接利用してなされていることに鑑みると、採尿手続の適法違法については、採尿手続前の一連の手続における違法の有無、程度をも十分考慮してこれを判断するのが相当である。

② 　採尿手続前に行われた一連の手続には、被告人宅の寝室まで承諾なく立ち入っていること、警察署への任意同行に際して明確な承諾を得ていないこと、被告人の退去の申出に応ぜず警察署に留め置いたことなど、任意捜査の域を逸脱した違法な点が存することを考慮すると、これに引き続いて行われた本件採尿手続も違法性を帯びるものと評価せざるを得ない。

③ 　しかし、警察官は当初から被告人宅へ無断で入る意図はなく、玄関先で声をかけるなど承諾を求める行為に出ていること、同行に際して何ら有形力は行使されておらず、途中で警察官と気付いた後も被告人は異議を述べることなく同行に応じていること、警察官において被告人の受験の申出に応答しなかったことはあるものの、それ以上に警察署に留まることを強要するような言動はしていないこと、さらに、採尿手続自体は、何らの強制も加えられることなく自由な意思での応諾に基づき行われていることなどの事情が認められる。

④ 　これらの点に徴すると、本件採尿手続の違法の程度は、いまだ重大であるとは

いえず、本件尿の鑑定書を被告人の罪証に供することが、違法捜査抑制の見地から相当でないとは認められないから、本件尿の鑑定書の証拠能力は否定されるべきでない。

cf. 刑訴法第 1 条、第197条、第198条、第218条、第222条等

▶▶▶ 事案の概要 ◀◀◀

① 奈良県生駒警察署防犯係のN巡査部長、K巡査部長、U巡査の 3 名は、複数の協力者から覚せい剤事犯の前科のある被告人X（以下「X」という。）が再び覚せい剤を使用しているとの情報を得たため、昭和59年 4 月11日午前 9 時30分頃、いずれも私服で警察用自動車（ライトバン）を使って、生駒市内のX宅に赴き、門扉を開けて玄関先に行き、引戸を開けずに「Xさん、警察の者です」と呼びかけ、更に引戸を半開きにして「生駒署の者ですが、一寸尋ねたいことがあるので、上がってもよろしいか。」と声をかけ、それに対しXの明確な承諾があったとは認められないにもかかわらず、屋内に上がり、Xのいた奥八畳の間に入った。N巡査部長ら 3 名は、ベッドで目を閉じて横になっていたXの枕許に立ち、N巡査部長が「Xさん」と声をかけて左肩を軽く叩くと、Xが目を開けたので、同部長がXに同行を求めたところ、金融屋の取立てだろうと認識したとうかがえるXは、「わしも大阪に行く用事があるから一緒に行こう」と言い、着替えを始めたので、N巡査部長ら 3 名は、玄関先で待ち、出てきたXを、停めていた前記自動車の運転席後方の後部座席に乗車させ、その隣席及び助手席にそれぞれK巡査部長、N巡査部長が乗車し、U巡査が運転して、午前 9 時40分頃、X宅を出発した。

② Xは、車中で同行しているのは警察官たちではないかと考えたが、反抗することもなく、一行は、午前 9 時50分頃、生駒警察署に着いた。

③ 午前10時頃から同署 2 階防犯係室内の補導室において、K巡査部長はXから事情聴取を行ったが、Xは、午前11時頃本件覚せい剤使用の事実を認め、午前11時30分頃同部長の求めに応じて採尿してそれを提出し、腕の注射痕も見せた。

④ Xは、警察署に着いてから当該採尿の前と後の少なくとも 2 回、K巡査部長に対し、持参の受験票を示すなどして、午後 1 時半までに大阪市鶴見区のタクシー近代化センターに行ってタクシー乗務員になるための地理試験を受けることになっている旨申し出たが、同部長は、最初の申出については返事をせず、尿提出後の申出に対しては、「尿検の結果が出るまでおったらどうや」と言って応じなかった。

⑤ 午後 2 時30分頃、尿の鑑定結果について電話回答があったことから、逮捕状請求の手

続がとられ、逮捕状の発付を得て、Ｋ巡査部長が午後５時２分、Ｘを逮捕した。

⟪*Check Point*⟫

〈検察官の上告理由〉

　本件における一連の捜査手続に違法な点はなく、また本件の尿鑑定書についてその証拠能力を否定すべき事情はないのに、原判決は最高裁の各判例に違反して鑑定書を証拠から排除すべきものとした上、被告人の自白に補強証拠がないことを理由に無罪としたが、本件捜査及び尿の提出（採取）の適法性に関する判例違反、証拠収集手続の違法の重大性に関する判例違反があるなどの理由を挙げて、判決に影響を及ぼすことが明らかである旨主張した。

▷▷▷ 裁判所の判断 ◁◁◁

　「本件においては、被告人宅への立ち入り、同所からの任意同行及び警察署への留め置きの一連の手続と採尿手続は、被告人に対する覚せい剤事犯の捜査という同一目的に向けられたものであるうえ、採尿手続は右一連の手続によりもたらされた状態を直接利用してなされていることにかんがみると、右採尿手続の適法違法については、採尿手続前の右一連の手続における違法の有無、程度をも十分考慮してこれを判断するのが相当である。そして、そのような判断の結果、採尿手続が違法であると認められる場合でも、それをもって直ちに採取された尿の鑑定書の証拠能力が否定されると解すべきではなく、その違法の程度が令状主義の精神を没却するような重大なものであり、右鑑定書を証拠として許容することが、将来における違法な捜査の抑制の見地からして相当でないと認められるときに、右鑑定書の証拠能力が否定されるというべきである（最高裁昭和51年（あ）第865号同53年９月７日第一小法廷判決・刑集32巻６号1672頁参照）。

　以上の見地から本件をみると、採尿手続前に行われた前記一連の手続には、被告人宅の寝室まで承諾なく立ち入っていること、被告人宅からの任意同行に際して明確な承諾を得ていないこと、被告人の退去の申し出に応ぜず警察署に留め置いたことなど、任意捜査の域を逸脱した違法な点が存することを考慮すると、これに引き続いて行われた本件採尿手続も違法性を帯びるものと評価せざるを得ない。

　しかし、被告人宅への立ち入りに際し警察官は当初から無断で入る意図はなく、玄関先で声をかけるなど被告人の承諾を求める行為に出ていること、任意同行に際して警察官により何ら有形力は行使されておらず、途中で警察官と気付いた後も被告人は異議を述べることなく同行に応じていること、警察官において被告人の受験の申し出に応答しなかったことはあるものの、それ以上に警察署に留まることを強要するような言動はしていないこ

と、さらに、採尿手続自体は、何らの強制も加えられることなく、被告人の自由な意思での応諾に基づき行われていることなどの事情が認められるのであって、これらの点に徴すると、本件採尿手続の帯有する違法の程度は、いまだ重大であるとはいえず、本件尿の鑑定書を被告人の罪証に供することが、違法捜査抑制の見地から相当でないとは認められないから、本件尿の鑑定書の証拠能力は否定されるべきではない。」

解　説

　ここに警察署への留置きに関する本判決を取り上げたのは、**違法収集証拠排除法則**を最高裁が初めて宣明した最判昭和53年9月7日（刑集32巻6号1674頁）以後、最高裁として、採尿手続を違法と判断するも、違法の程度はいまだ重大であるとはいえず、違法捜査抑制の見地から相当でないとして、なお尿の鑑定書の証拠能力は否定されないと判断した判例であり、証拠排除に関する重要な判例であることによる。

1　昭和61年最高裁判決の意義

　本判決の意義は、その判断過程で、Ｘ宅への立入り・任意同行・警察署への留置きという「一連の手続」と「採尿手続」は、Ｘに対する**「覚せい剤事犯の捜査という同一目的」**に向けられたものである上、採尿手続は、Ｘ宅への立入り・任意同行・警察署への留置きという**「一連の手続」によりもたらされた状態を「直接利用」してなされている**と評価した上で、採尿手続の適法違法については、採尿手続前のＸ宅への立入り・任意同行・警察署への留置きという「一連の手続」における違法の有無、程度をも十分考慮してこれを判断し、その違法の程度が令状主義の精神を没却するような重大なものであり、その鑑定書を証拠として許容することが、将来における違法な捜査の抑制の見地からして相当でないと認められるときに、その鑑定書の証拠能力が否定されると判断していることである。

　つまり、採尿手続に先行する一連の捜査手続が覚せい剤事犯捜査という同一目的に向けられたものであり、採尿手続がその一連の手続を直接利用してなされたものである場合には、その採尿手続に**先行する一連の捜査手続の違法が引き継がれる**ことを明らかにしたものである。

2　本事案の特徴

　本事案の経過をみると、覚せい剤事犯の前科のあるＸが再び覚せい剤を使用しているとの情報をもとに、捜査員が午前9時30分頃、Ｘ宅を訪れ、午前9時40分頃、Ｘ宅から警察

署に任意同行し、午前9時50分頃、生駒警察署に到着、午前10時頃からK巡査部長が事情聴取を行い、午前11時頃、覚せい剤使用事実を認め、午前11時30分頃、任意採尿し腕の注射痕を確認している。

　そして採尿前にタクシー乗務員になるために午後1時半までに地理試験を受ける旨申出があったが、同部長はこの申出について返事せず、尿提出後の申出に対しては、「尿検の結果が出るまでおったらどうや」と言って応じなかった。その後、午後2時30分頃、尿の鑑定結果を踏まえて逮捕状請求手続、逮捕状発付を得て、午後5時2分、Xを逮捕した、というものである。

　このように、警察署において、尿の任意提出を求めその鑑定結果が出るまで留め置いて、鑑定結果を待って、逮捕状の発付を得て逮捕したというものであるが、任意同行から取調べ、そして逮捕に至るまでの留置きの時間的経過、その間にXに対し**強制にわたる行為や威圧感を与えるような言動、物理的強制力が全く加えられておらず、Xもこれに応じていた**ことである。これがこの事案の特徴でもある。

3　一審（有罪）、原審（無罪）、最高裁（原判決破棄差戻〔反対意見あり〕）と判断が分かれた

　　ア　一審（奈良地判昭和59年9月3日刑集40巻3号261頁）は、警察官が被告人の確実な承諾を得ないで、その居宅に入った疑いがあるが、その後の同行手続、警察署での取調べ、採尿手続については、被告人が任意に応じたと認められるから、それら任意同行や任意捜査によって得られた証拠にはその証拠能力に欠けるところはないとして、尿の鑑定書の証拠能力を肯定した。

　　イ　これに対し、原判決（大阪高判昭和60年2月27日刑集40巻3号263頁）は、尿の鑑定書は違法収集証拠であるとして証拠排除し、無罪を言い渡している。

　その大要は、

①　「X宅への立ち入り」について、N巡査部長らは、3名で玄関先に行き、N巡査部長がK巡査部長とともに、「Xさん、警察の者です」と1、2回呼びかけたが返事がなかったため、玄関の引戸を引いたところ開いたので、半開きにしたまま再び、同様に1、2回呼びかけたのに対し、屋内から「オーイ」または「オオウ」というような返事があり、N巡査部長がさらに「生駒署の者ですが、一寸尋ねたいことがあるので、上がってもよろしいか」と声をかけたところ、「オオウ」というような返事があったので、3名は屋内に上がって声のした方に行き、Xの寝ていた奥八畳の間に入った、というのである。それに対し、Xは、公判において、「オーイ」というような返事を

したことはない旨述べていることから、原判決は、「被告人宅の構造等からみて、それは直ちに返事があったことを裏付けるものとは解し難く、仮に返事があったのであれば、被告人の在宅の事実が明らかなのであるから、もっと慎重な措置を講ずべきであり、いずれにしても、警察官3名が被告人宅に立入るについて、被告人の明確な承諾を得たとは認め難い。」と判断している。

② 「任意同行」について、原判決は、「任意同行は、刑訴法198条1項により被疑者に求めることができる任意出頭の一態様と考えてよく、真に任意の承諾のもとに行われる限り違法ではないが、犯罪捜査規範102条は、『任意出頭を求めるには、出頭すべき日時、場所、用件その他必要な事項を明らかにし……なければならない。』と規定しているのであって、Nらは同行先と用件を告げたと証言するけれども、被告人が金融屋の取立てであろうと認識しているような状態では、被告人において『一緒に行こう』と述べたとしても、また被告人を同行するについて強制力を行使していないからといって、本件の任意同行が被告人の真に任意の承諾のもとに行われたと認めるには合理的な疑いがあり、この疑いが払拭されない以上、違法な任意同行といわねばならない。」と判断している。

③ 「逮捕状による逮捕にいたるまでの経過」について、原判決は、「地理試験を受けることになっている旨の被告人の申し出は、まさしく退去の承認を求める意思の表明にほかならず、これに対し、Kが返事をせず、または『尿検の結果が出るまでおったらどうや』と答えたのは、尿の検査結果が判明するまではということで、被告人の退去を阻んだものと認めざるをえない。Kは、警察署の建物の構造からみて、便所への行き帰りに自由に退去できるかのような証言をしているが、右の採尿時には2名の警察官が同行しているし、また被告人が当審で供述するように、他の排尿時にも警察官1名が同行したというのであるから、右のK証言は、実際的でない。そして、被告人に対して強制にわたる行為や威圧感を与えるような言動がなく、被告人が素直に取調べに応じていたとしても、前示のように、被告人の退去を阻んだ一事が存する以上、逮捕状による逮捕にいたるまで被告人を補導室に留め置いたのは、任意の取調べの域を超えた違法な身体拘束であったといわねばならない。」と認定している。

ウ　昭和61年最高裁判決における島谷六郎裁判官の反対意見

最高裁は、本件採尿手続の違法の程度は、いまだ重大であるとはいえず、本件尿の鑑定書の証拠能力は否定されるべきではない、との判断をしているが、島谷裁判官の厳しい反対意見があることに留意しなければならない。

① 「X宅への立ち入り」について、島谷反対意見は、「警察官らははじめ屋外から声をかけたが、これに対する応答がないまま住居に入り、被告人の寝室にまで立ち入った

のである。しかし、一応声はかけてあるのだから、応答がなくとも、私人の住居に立ち入ってよい、というものではない。居住者の明確な承諾を得ることなく、警察官が私人の住居に入り込むことは、許されない。これは憲法35条の明白な違反である。いかに捜査の必要があるといっても、警察官としてはそのような行動をとるべきでなく、被告人に任意同行を求めるのであるならば、それに相応した慎重な行動がなされるべきである。本件における警察官らの行動は、令状なしに私人の住居へ入るという重大な違法性を帯びているものである。」との厳しい指摘をしている。

②　「任意同行」について、島谷反対意見は、「警察署への同行の点は、警察官の身分と要件を明らかにしたうえで被告人の承諾を得たものでなく、起床したばかりの被告人が、枕許に立つ私服の警察官らを見て、取り立てに来た金融屋だと考え、自分も大阪へ行く用があるからと言って、警察官らの車に乗り込んだ疑いが濃いものであって、警察への同行を求められてこれに応じたものではなく、任意同行とは到底評価し得ないものである。」と断じている。

③　「逮捕状による逮捕にいたるまでの経緯」について、島谷反対意見は、「警察署に留め置いた点は、同日午後に行われるタクシー乗務員となるための試験の受験の申し出を無視して取調べを続行したというものであり、任意の取調べにおいては、警察官としては被取調者からの理由ある退去の要求は尊重し、それなりの対応をすべきであって、それを無視してよいものではなく、本件での警察官の所為は、退去の自由を認める任意の取調べの原則に悖（もと）るものとの非難を免れることはできない。そして、この留め置きの間に採尿が行われたのである。」と指摘し、「このような状況においてなされた採尿は、それだけを切り離して評価すべきものではなく、被告人宅への立ち入り以降の一連の手続とともに全体として評価すべきものである。」と捉え、「全体として評価するとき、これらの手続には令状主義の精神を没却するような重大な違法があると言わざるを得ず、右の鑑定書を証拠として許容することは、違法な捜査の抑制の見地から相当でなく、その証拠能力は否定されるべきである。」との強い意見を述べている。

　原判決及び島谷反対意見は、十分傾聴に値するものであると考えるが、本件対応の問題点及び本件におけるあるべき対応について、以下の「7　昭和61年最高裁判決を教訓として、今後の捜査に留意すべきこと」の中で言及する。

4　先行手続の違法が後行手続に影響を及ぼすか否かについての昭和61年最高裁判決の考え方

　先行する捜査手続に違法がある場合、その違法が、後行の証拠収集手続の適法性、ひいては収集された証拠（本件でいうと、提出された尿にかかる鑑定書）の証拠能力に対して、

影響を及ぼすか否か、影響を及ぼすとしてどのように影響するかの問題につき、大別して３つの考え方があるとされる。[13]

では、昭和61年最高裁判決はどの見解に立ったものであろうか。また、島谷反対意見はどうかにつき併せて確認しておくこととする。

１つは、先行する手続と後行の証拠収集手続がそれぞれ独立したものとして行われている以上、各手続の適法性の評価はそれぞれの手続内で個別に行われるべきであり、先行手続の違法性は後行の証拠収集手続の適法性に影響を与えないとする考え方である。

この考え方に立って本件を見た場合、Xからの任意採尿は、あくまで本人の承諾の下で行われているのであるから、任意同行等の先行手続とは切り離し、別個にその適法性の評価をすべきということになる。しかし、任意同行や警察署への留置きは、採尿を通じた覚せい剤使用立件のための証拠収集を一つの目的としてなされたものであり、同時に、採尿手続も先行する任意同行や留置きによってもたらされた状態を利用してなされたものであるから、その先行手続が証拠収集手続に事実上の効果を与えていることは否定できないにもかかわらず、両者を別個に切り離して、採尿手続のみをもってその適法性を評価するのは、実態を無視したものとの批判がなされよう。

２つは、**後行の証拠収集手続が先行手続を利用して行われている限り、証拠収集手続の適法性の評価に当たっては、先行手続に存する違法性を考慮すべきで、先行手続の違法性は後行手続の適法性に影響を及ぼすとの考え方**である。

昭和61年最高裁判決は、この考え方に立ったものと理解される。このことは、判決の「被告人宅への立ち入り、同所からの任意同行及び警察署への留め置きの一連の手続と採尿手続は、被告人に対する覚せい剤事犯の捜査という**同一目的に向けられたもの**であるうえ、採尿手続は右**一連の手続によりもたらされた状態を直接利用**してなされていることにかんがみると」との判示、そして、続いて「右採尿手続の適法違法については、採尿手続前の右**一連の手続における違法の有無、程度をも十分考慮してこれを判断するのが相当である。**」との判示から明らかである。

３つは、先行手続に引き続いて証拠収集手続が行われ、先行手続が証拠収集に利用されている以上、両手続は証拠収集のための手続として一体をなすものとして、その全体について適法性を判断すべきであるとする考え方である。

この考え方は、明らかに島谷反対意見と共通する考え方である。これは、同意見にみられるように、令状なしに私人の住居へ立ち入るという重大な違法性を帯びた行為、その後

---

(13) 松浦繁『最高裁判所判例解説　刑事篇（昭和61年版）』（法曹会、1989年）71頁。

プラス・アルファ

　松浦繁『最高裁判所判例解説　刑事篇（昭和61年版）』72頁は、本判決につき２つ目の考え方に立った理由につき、「本件で考えてみると、警察官が被告人を自宅から同行したうえ警察署に留め置いたのは、採尿を行うという当初からの目的があったためであることは否定できず、そしてそれら先行する手続によってもたらされた状態を利用して採尿手続が行われたのであるから、そうした採尿手続の適法性を判断するに当たって、先行手続の適法違法を考慮外に置くことはできない一方、採尿手続では新たな意思の確認、承諾というワン・クッションが入っていることから、先行手続の適法違法が採尿手続の適法性に直接影響を及ぼすというよりは、その適法性の判断に先行手続の違法の有無、程度を間接的に考慮するのが相当である、との考えに至ったためであると思われる。」と評している。

の同行も任意同行と評価し得ず、警察署における留置きもタクシー乗務員試験の受験申出を拒み、取調べを続行したことにつき、「このような状況においてなされた採尿は、それだけを切り離して評価すべきものではなく、被告人宅への立ち入り以降の一連の手続とともに全体として評価すべきものである。」との見解にみてとれる。

5　最高裁が留置きを違法とするも、鑑定書の証拠能力を認めたのは本件事案のどのような要素を考慮したか

　ところで、最高裁は、原判決を破棄し、その判決において、覚せい剤使用事犯の捜査に当たり、警察官がX宅寝室内に承諾なしに立ち入り、また明確な承諾のないまま同人を警察署に任意同行したうえ、退去の申出に応ぜず同署に留め置くなど、任意捜査の域を逸脱した一連の手続に引き続いて、尿の提出、押収が行われた場合には、その採尿手続は違法性を帯びるものと評価せざるを得ないが、Xに対し警察署に留まることを強要するような警察官の言動はなく、また、尿の提出自体はなんらの強制も加えられることなく、任意の

プラス・アルファ

　最高裁のいう本件事情とは、X宅への立入りに際し警察官は当初から無断で入る意図はなく、玄関先で声をかけるなどXの承諾を求める行為に出ていること、任意同行に際して警察官により何ら有形力は行使されておらず、途中で警察官と気付いた後もXは異議を述べることなく同行に応じていること、警察官においてXの受験の申出に応答しなかったことはあるものの、それ以上に警察署に留まることを強要するような言動はしていないこと、さらに、採尿手続自体は、何らの強制も加えられることなく、Xの自由な意思での応諾に基づき行われていること、などを指している。

承諾に基づいて行われているなどの**本件事情**の下では、その違法の程度はいまだ重大であるとはいえず、本件尿の鑑定書の証拠能力は否定されない、と判断した。

　最高裁がそのように判断した背景には、検察官の次の上告理由への考慮があると思われる。

　検察官はその上告理由の中で、以下の理由を挙げ、Xにかかる覚せい剤使用の嫌疑が濃厚であり、当日午前11時頃、**本件覚せい剤使用の事実を自白した段階までに、覚せい剤取締法違反容疑で緊急逮捕することが十分可能であった**、と主張した。

　　ア　Xが覚せい剤使用の罪を犯したことを疑うに足りる十分な理由が存したこと

①　N巡査部長らは、Xに任意出頭を求めた時点において、Xの知人2人から相当確度の高い情報を別個に入手し、そのうち1人についてXの覚せい剤使用を認める供述調書を作成していたこと

②　Xが覚せい剤事犯の前科4犯を有し、最終刑の仮出獄後間もなくであったことから、生駒警察署管内における覚せい剤使用の要注意人物にしていたのであって、Xの覚せい剤使用事犯の容疑は当初から極めて強いものであったと認められること

③　Xは、同日午前11時頃、本件覚せい剤使用の事実を自白し、自ら腕の着衣をまくって覚せい剤を使用したときの注射痕を見せ、同日11時30分頃、自己の尿を採取してこれを提出していること

　　イ　緊急性が認められること

④　Xは独身で暴力団に所属する覚せい剤の常習者であり、次回の出頭を約束させてもこれに応ずることは期待できない状況にあり、このことはX自身が、原審の公判廷で「それに対しK刑事の返事は」の問に対し、「帰したら逃げるやろうというので、私も尿に反応が出て出頭の通知がきても出頭せず逃げるかもしれませんと言いました。」と述べていることから、緊急性も認められるので、Xが本件覚せい剤使用の事実を自白した時点で、緊急逮捕する要件を十分に備えていたことが明らかであること

　すると、検察官の主張の核心でもある、午前11時ころ本件覚せい剤使用の事実を自白した時点で覚せい剤取締法違反容疑での緊急逮捕が十分可能であったとの指摘は、本件事案を見る上での重要な考慮要素であり、最高裁の判文中には明確に表れていないが、警察署への留置きを違法としつつも、鑑定書の証拠能力を認めたその判断の背景には、この考慮要素をも勘案したことがあるのではないかと推測される。

6　本件留置きを「純粋な任意捜査段階」と強制採尿令状の発付・執行に向けた「強制手続への移行段階」に区分することが可能か

　それでは、昭和61年最高裁判決の事案を「純粋な任意捜査段階」と「強制手続への移行

段階」とに当てはめてみることが可能であろうか。

　この点、判決が、採尿手続前に行われた手続について、「被告人宅の寝室まで承諾なく立ち入っていること、被告人宅からの任意同行に際して明確な承諾を得ていないこと、被告人の退去の申し出に応ぜず警察署に留め置いたことなど、任意捜査の域を逸脱した違法な」捜査手続であると判断していること、併せて島谷反対意見からも、「純粋な任意捜査段階」と「強制手続への移行段階」とに当てはめて、本件事案を考察することは困難というべきである。

7　昭和61年最高裁判決を教訓として、今後の捜査に留意すべきこと

(1)　本件対応の問題点

　覚せい剤捜査、殊に覚せい剤使用事犯は、検問、職務質問、かねてからの内偵等に基づき、容疑者の言動や注射痕等に着目し、警察署への任意同行、そして留置きしながら任意採尿のための説得行為・採尿という任意捜査手続を経るのが一般である。

　本件でのX宅への立入り、任意同行、警察署への留置きにつき、検察実務家からも厳しい見方がなされている。

　　プラス・アルファ

　　河上和雄「刑事裁判例批評」判タ597号22頁は、X宅への立入りにつき、これを重大な違法とみるか軽度の違法とみるかは、見解の分かれるところとしつつも、「警察官3名が、被告人宅の玄関にとどまらず、その明確な承諾なしに、奥八畳の寝室まで立ち入っている行為は、任意捜査の手段として極めて異例であり、違法と評価されることはやむをえないところであろう。」、また、任意同行についても、「原審認定のとおりなら、任意捜査の方法として決して賞められる性質のものではない。とりわけ、警察官であることを明らかにすることなく、同行を求めた点は、もし、その際に被告人が暴行等に至ったとしても、公務執行妨害罪の成立する余地のない行為といわざるをえないであろう。」などと厳しい評価を加えている。

　そこで、任意捜査の適法性ないし、その許容限度を判断するに当たっての**判例の基本的態度は、事案の性質、嫌疑の程度、捜査の必要性・緊急性、有形力行使の態様、被侵害利益の種類・侵害の程度、被疑者の態度、侵害される個人の法益と保護すべき公共の利益との権衡などの諸事情を総合考慮し、その捜査方法が社会通念上許容される限度内のものかどうかを検討すべきものと解される。**

　このような観点から、昭和61年最高裁判決の事案をみると、まずX宅への立入り行為につき、判決は、採尿手続前に行われた一連の手続である、X宅の寝室まで承諾なく立ち入

プラス・アルファ

この点に関する代表的判例は次のとおりである。

① 詳細は9で解説しているが、最決昭和51年3月16日刑集30巻2号187頁は、「捜査において強制手段を用いることは、法律の根拠規定がある場合に限り許容されるものである。しかしながら、ここにいう強制手段とは、有形力の行使を伴う手段を意味するものではなく、個人の意思を制圧し、身体、住居、財産等に制約を加えて強制的に捜査目的を実現する行為など、特別の根拠規定がなければ許容することが相当でない手段を意味するものであって、右の程度に至らない有形力の行使は、任意捜査においても許容される場合があるといわなければならない。ただ、強制手段にあたらない有形力の行使であっても、何らかの法益を侵害し又は侵害するおそれがあるのであるから、状況のいかんを問わず常に許容されるものと解するのは相当でなく、必要性、緊急性なども考慮したうえ、具体的状況のもとで相当と認められる限度において許容されるものと解すべきである。」と任意捜査における許容される有形力行使につき、必要性、緊急性などの考慮、そして相当性の要件を要求している。

② また、最決昭和59年2月29日刑集38巻3号479頁は、「任意捜査においては、強制手段、すなわち『個人の意思を制圧し、身体、住居、財産等に制約を加えて強制的に捜査目的を実現する行為など、特別の根拠規定がなければ許容することが相当でない手段』を用いることが許されないことはいうまでもないが、任意捜査の一環としての被疑者に対する取調べは、右のような強制手段によることができないというだけでなく、さらに、事案の性質、被疑者に対する容疑の程度、被疑者の態度等諸般の事情を勘案して、社会通念上相当と認められる方法ないし態様及び限度において、許容されるものと解すべきである。」と任意捜査における被疑者取調べにつき、諸般の事情を勘案し社会通念上相当と認められる方法ないし態様及び限度において許容されるとしている。

③ 更に、職務質問に付随する所持品検査につき、最判昭和53年6月20日刑集32巻4号670頁は、「職務質問に付随して行う所持品検査は、所持人の承諾を得て、その限度においてこれを行うのが原則であるが、捜索に至らない程度の行為は、強制にわたらない限り、所持品検査の必要性、緊急性、これによって侵害される個人の法益と保護されるべき公共の利益との権衡などを考慮し、具体的状況のもとで相当と認められる限度で許容される場合がある。」として、必要性、緊急性、法益との権衡などを考慮し、具体的状況のもとでの相当性を要求している。

っていることを認定し違法と評価しつつも、当初から無断で入る意図はなく、玄関先で声をかけるなどXの承諾を求める行為に出ていることを考慮し、重大な違法とまでは認定しなかった。しかし、島谷反対意見に限らず、事前に屋外から声をかけたからといって、居住者の明確な承諾を得ることなく、私人の住居に立ち入ってよい、というものではない。

　検察官の上告趣意の中で、N巡査部長、K巡査部長、U巡査の3名が、X宅奥八畳間に立ち入った際、N巡査部長が「Xさん」と声をかけて左肩を軽く叩き、警察手帳を示し、

「生駒署の者やけど、覚せい剤のことで聞きたいから一緒に来てくれ。」と声をかけ、U巡査が「おれを知っているやろ。」と言ったのにうなずいた旨の証言に対し、Xは、警察手帳も示されたことはなく、3名のうちの誰かが「おれを知らんか」と言ったが見覚えがない旨の証言で対立するところがあるが、このような場面で証言の対立があることは、不用意な行動に起因しているといわざるをえない。島谷反対意見のとおり、その行動につき、「私人の住居に入り込むことは、許されない。これは憲法35条の明白な違反である。いかに捜査の必要があるといっても、警察官としてはそのような行動をとるべきでなく、被告人に任意同行を求めるのであるならば、それに相応した慎重な行動がなされるべきである。本件における警察官らの行動は、令状なしに私人の住居へ入るという重大な違法性を帯びている」との指摘は甘受しなければならないであろう。

　もっとも、U巡査がXと面識があったことから（これに対し、Xは面識があるとの認識がない。）、安易に立ち入ったと推測される面があるが、そうだからといって、承諾のない立入りが許されるわけではない。当時、3名の捜査員がX方に赴いたのであるから、その承諾の求め方について、より慎重な配慮が求められるべきであった。

プラス・アルファ

犯罪捜査規範（昭和32年国家公安委員会規則第2号）

　（承諾を求める際の注意）

第100条　任意捜査を行うに当り相手方の承諾を求めるについては、次に掲げる事項に注意しなければならない。

　一　承諾を強制し、またはその疑を受けるおそれのある態度もしくは方法をとらないこと。

　二　任意性を疑われることのないように、必要な配意をすること。

　次に、任意同行について、判決は、被告人宅からの任意同行に際して明確な承諾を得ていないことを認定し違法と評価しつつも、任意同行に際して警察官により何ら有形力は行使されておらず、途中で警察官と気付いた後も被告人は異議を述べることがなかったことを挙げて、重大な違法とまでは認定しなかった。

　しかし、捜査のため、被疑者その他の関係者に対して任意出頭を求めるには、「電話、呼出状（別記様式第7号）の送付その他適当な方法により、出頭すべき日時、場所、用件その他必要な事項を呼出人に確実に伝達しなければならない。この場合において、被疑者又は重要な参考人の任意出頭については、警察本部長又は警察署長に報告して、その指揮を受けなければならない。」（犯罪捜査規範102条1項）ことを踏まえれば、同行の具体的内容を明確に告知し、その承諾を得るべきであったことはいうまでもない。

更に、警察署への留置きについて、判決はXの退去の申出に応ぜず警察署に留め置いたことなど、任意捜査の域を逸脱した違法なものであるとしつつも、警察官において被告人の受験の申出に応答しなかったことはあるものの、それ以上に警察署に留まることを強要するような言動はしていないことを挙げて、その後の採尿手続は、自由な意思での応諾に基づき行われていることなどに徴して、本件採尿手続の違法の程度は、いまだ重大であるとはいえないとして、本件尿の鑑定書の証拠能力を認める結論を導いている。

しかし、島谷反対意見は、この留置きにつき、「同日午後に行われるタクシー乗務員となるための試験の受験の申し出を無視して取調べを続行したというものであり、任意の取調べにおいては、警察官としては被取調者からの理由ある退去の要求は尊重し、それなりの対応をすべきであって、それを無視してよいものではなく、本件での警察官の所為は、退去の自由を認める任意の取調べの原則に悖るもの」との厳しい指摘をした上で、これら一連の手続の下でなされた採尿を全体として評価し、その結果、得られた尿の鑑定書の証拠能力を違法排除すべきと論じた。

しかし、この点につき、K巡査部長において、Xの地理試験を受けることになっている旨の2度にわたる申出に対し、1回目は何らの応答もせず、2回目は「尿検の結果が出るまでおったらどうや」と答えたのに対し、Xはそれ以上積極的に退去を求める行為に出ておらず、またXの退去行動を制止するような有形力の行使が全くなされていないことからすると、Xは覚せい剤事犯の前科4犯を有し最終刑の仮出獄後間もなくであり、かつ暴力団に所属する人物であるということからしても、自己の意思で任意に警察署に留まっていたものとみるのが自然であり、必ずしもこれを違法とみることはできないと思われる。

なお、昭和61年最高裁判決が、採尿手続前の一連の捜査を違法とし、それに続く採尿手続自体も違法性を帯びるものと評価したが、本件一連の捜査が令状主義の精神を没却するような重大なものでないとして、採尿結果の鑑定書に証拠能力を認めたのに対し、原審は証拠能力を認めなかったことにつき、下記河上論文は、「この点は、第二審判決と真向から対立するものであるが、結局、最高裁がこの結論に達したのは、被告人が自由な意思で尿を提出したことに大きなウェイトがあるように思われる。」と評しつつも、今後における捜査機関の謙抑的行動が必要不可欠として、その反省を迫っている。

 プラス・アルファ

　河上和雄「刑事裁判例批評」判夕597号23頁は、「本判決は、具体的事情、さらには第二審判決の論理構成や事実認定にも考慮をめぐらしたうえでのいわば『救った判決』とみなければな

らない点が少なからずあり、この判決を抽象的に理解して、捜査目的で無断で他人の居宅内に入り込むことが常に許されるなどと短絡的に考えて行動してはならないことはいうまでもなく、捜査機関の謙抑的行動が必要不可欠であることは銘記すべきであろう。もし、この判決を基にして、違法な捜査を常態化しようとすれば、必ずその咎めがくることを忘れてはなるまい。」と、厳しく戒めている。

(2)　実務的視点から本件におけるあるべき対応

それでは、実務的視点からみて、当時の捜査員の置かれた状況において他に採り得る望ましい措置を有し得たかについて検討すると、次のような措置を採ることが最も相応しいものであったものと考えられる。

まず、考慮すべきは、N巡査部長らは、Xに任意出頭を求めた時点において、Xの知人2人から相当確度の高い情報を入手し、そのうち1人についてXの覚せい剤使用を認める供述調書を作成していたこと、及びXが覚せい剤事犯の前科4犯を有し、最終刑の仮出獄後間もなくであったことから、Xの覚せい剤使用事犯の容疑は当初から極めて強いものであったことがうかがわれることである。

そうだとすると、本件事案を明らかにする必要性、緊急性は具備されているとみることができるから、X宅に赴いた際、声をかけつつXの起居を待って、玄関先、あるいは居宅外で対応し、そこで、**明確な警察署への任意同行を発問し、仮に任意採尿のため任意同行の承諾が得られなければ、覚せい剤使用についての質問と併せて、腕の注射痕確認を求めつつ、同人の承諾を得る形で居宅に在宅したままで、強制採尿令状請求が可能な状態にあった**といえるのである。

加えて、Xは独身で暴力団に所属する覚せい剤の常習者でもあり、再度の出頭を約束させてもこれに応ずることが期待できない状況にあったことは、X自身が原審公判廷において、当時のK巡査部長との会話の中で、「帰したら逃げるやろうというので、私も尿に反応が出て出頭の通知がきても出頭せず逃げるかもしれませんと言いました。」と述べていることからも明らかなように、捜査員としては、Xの**所在確保を容易にするため、居宅に在宅したまま、強制採尿令状の発付を得て同令状の効力として、強制採尿のために強制採尿に適する最寄りの場所まで連行することができた**ものといえるのである。[^14]

そして、その後に採尿後の予試験で陽性反応を確認し、身柄措置を講ずることが可能となったというべきである。

---

(14)　本書④事例（最決平成6年9月16日刑集48巻6号420頁）参照。

7 被告人に対する職務質問から強制採尿に至る一連の手続中には、被告人を現場に留め置いた措置に違法があるといわざるを得ないが、強制採尿により得られた証拠の証拠能力は肯定できるとされた事例

〈東京高裁平成20年9月25日判決　東京高裁判決時報（刑事）59巻
1〜12号合併号83頁〉

　本件は、覚せい剤使用の嫌疑のある者を職務質問の現場に約3時間、留め置いて、その間に強制採尿令状を得て採取された尿の鑑定書の証拠能力が争われた事案で、その留置きは違法であるが、その違法の程度は令状主義の精神を没却するような重大なものではないとして、証拠能力が認められたものである。

　ところで、東京高判平成20年9月25日東京高裁判決時報59巻1〜12号合併号83頁（以下「平成20年東京高裁判決」という。）の意義は、判決末尾の「付言」の文言に表れているとおり、平成21年東京高裁判決及び平成22年東京高裁判決の先駆けとなったものと評価できるところにある。そこで、本件事案について検討することとする。

━ 要　旨 ━

① 　本件における強制採尿手続は、被告人を本件現場に約3時間にわたって留め置いて、職務質問を継続した上で行われているのであるから、その違法性は、それに先行する一連の手続の違法の有無、程度をも十分考慮してこれを判断する必要がある。

② 　被告人に対する本件現場への留置きについてみると、当初は警職法第2条第1項に基づく職務質問を行うために停止させる方法として必要かつ相当な行為として適法性を有していたこと、また、被告人の覚せい剤使用の嫌疑は濃厚になっていたこと、そのような嫌疑のある被告人について、交通危険の防止という面からも運転を阻止する必要性があったことが認められる。

③ 　これらの事情を考慮しても、被告人が自車に閉じこもった行為は任意同行に応じない態度を示すものといえること、自車を動かしたりクラクションを鳴らしたりした行為はその態度を一層明らかにしたものといえること、被告人を本件現場に留め置いてから被告人に対する身体検査令状の執行が開始されるまでの間に約3時間経過していることに照らすと、その留置き措置は、被告人に対する任意同行を求めるための説得行為としての限度を超え、被告人の移動の自由を長時間に

わたって奪った点において、任意捜査として許容される範囲を逸脱したものといわざるを得ない。

④ しかし、職務質問開始から被告人の留置きの当初にかけては違法な点は見られないこと、警察官らは、被告人車両の移動を阻止したにとどまり、被告人の行動の自由を制約した程度はさほど強いものではなく、被告人を移動させないための必要最小限度の範囲にとどまるものといえること、警察官らは令状請求手続を速やかに進めていること、発付を受けた令状の執行も適切に行っていることなどの事情から、警察官らに令状主義を潜脱する意図はなかったものと認められる。被告人を本件現場に留め置いた措置の違法性の程度は、いまだ令状主義の精神を没却するような重大なものとはいえない。

⑤ そして、本件の強制採尿手続に先行する他の手続及び強制採尿手続自体には違法な点はないことからすれば、職務質問開始から強制採尿手続に至る一連の手続を全体としてみた場合に、その手続全体を違法と評価し、これによって得られた証拠を被告人の罪証に供することが、違法捜査抑制の見地から相当でないとは認められない。そうすると、本件鑑定書等の証拠能力を肯定することができる。

cf. 刑訴法第1条、第198条、第218条、第222条、警職法第2条等

▶▶▶ 事案の概要 ◀◀◀

① M巡査部長及びK巡査部長は、平成19年6月18日（以下、特に断らない限り、日付は同日である。）午前5時15分頃、東京都新宿区西新宿6丁目地内の路上を警ら用無線自動車（パトカー）で警ら中、被告人X（以下「X」という。）が運転し、助手席にN女（以下「N」という。）が同乗していた普通乗用自動車（以下「X車両」という。）について、同車が高級車であるにもかかわらず車体に多数の損傷があること、NがM巡査部長らを見ないようにしている様子であること、Nの顔色が悪く、薬物使用者のようであることから、これを不審と認め、同車を新宿区西新宿1丁目地内の路上（以下「本件現場」という。）に停止させた。

② M巡査部長らは、X及びN（以下「Xら」という。）に対する職務質問を開始し、Xに運転免許証を提示させ、X車両及びXの所持品を検査したところ、法禁物は発見されなかったものの、その間のXらの言動、照会の結果判明したXの覚せい剤事犯の犯罪歴、Xらの腕の注射痕様の痕跡などから、Xらに対する覚せい剤使用の嫌疑を深めた。M巡査部長らは、Xらに対し近くにある新宿警察署への任意同行と尿の提出を求めたが、X

　らはこれを拒んだ。

③　そこで、M巡査部長らは、強制採尿の手続に移行する必要があると判断し、新宿警察署のT警部補に連絡し、午前５時47分頃、K巡査部長は令状請求の準備のため、本件現場から新宿警察署に向かった。その前後頃の午前５時40分ないし50分頃の時点では、K巡査部長の応援要請により本件現場にパトカーが５、６台、警察官が10名以上臨場していた。

④　M巡査部長は、Xの説得を続けており、Xに令状請求の手続をすることを伝えたところ、車外にいたXは、「おれは何時間でもここにいるよ」などと言った。

⑤　その後、XがX車両の運転席に乗り込もうとした際、M巡査部長は、Xの逃走防止と事故防止のため、「キーを抜きますよ」などと告げて同車のエンジンキーを抜き取ったが、Xから抗議され、エンジンキーを抜き取った理由を説明したもののXの納得を得られなかったことから、抜き取った１、２分後にエンジンキーを同車のダッシュボード上に置いた。

⑥　Xは、同車に乗り込み、エンジンを始動し、窓を閉めてドアをロックしたが、M巡査部長は窓ガラスをノックし呼びかけるなどして説得を続けた。

⑦　午前６時36分頃、Xは、自車を約１メートル前方に移動させ、午前６時39分頃、クラクションを鳴らした。これに対して、警察官が「危険だから動かさないようにしてください。警告します。」などと警告した。この頃、道路左端に停車していたX車両の前方、後方及び右方にはパトカーが停車し、警察官数人がX車両を取り囲むように立っていた。

⑧　M巡査部長らは、その後もXの説得を続けたが、Xらはそれに応じず、車内で携帯電話を使用したりたばこを吸ったりしていた。

⑨　午前６時40分ないし45分頃、T警部補及びK巡査部長は、令状請求のため新宿警察署を出発し、午前８時頃、東京簡易裁判所裁判官からXらの身体検査令状及び尿の捜索差押許可状（以下「強制採尿令状」という。）の発付を受けた。

⑩　午前８時14分頃、上記令状の発付を受けたT警部補らが本件現場に到着し、Xらに外に出るよう呼びかけたが、Xらは応じず、X車両の窓ガラスに貼り付けるようにして示されたXらを被処分者とする身体検査令状を見ようとせず、車外に出ようともしなかった。午前８時21分頃、M巡査部長がガラスクラッシャーを使用して、Xに危険が及ばないよう力を加減してX車両の運転席側窓ガラスを割り、エンジンを停止させ、ドアを開けた。

⑪　Xは、抵抗して出てこなかったものの、T警部補による説得の末に自ら車外に出て、M巡査部長を含む警察官らに伴われてパトカーに乗り込んだ。新宿警察署へ向かう同車内において、同部長は、携帯電話に出ようとしたXの左腕をつかんで制止し、これに対

してXが痛い痛いなどと言いながら頭を振り回したので、同部長はXの後頭部を押さえるなどした。

⑫　午前8時28分頃、Xを乗せたパトカーが新宿警察署に到着した。Xは、当初、パトカーから降りようとせず、降りた際にもM巡査部長にぶつかるなどしてきたため、同部長を含む警察官らでこれを制止し、5階の取調べ室まで連行した。

⑬　その後、身体検査令状が執行され、Xの両手首の注射痕様の痕跡が写真撮影され、引き続き、Xに対し、尿の任意提出が促されたが、Xは尿を提出しなかった。

⑭　午前9時10分頃、警察官がXに強制採尿令状を示し、尿の任意提出の意思を確認したが、Xは無言であり、その意思がないとみられたため、警察官らはXを新宿区西新宿の甲医院に連行した。同所において、Xは、G巡査部長（以下「G」という。）から尿を提出する意思を確認されたが無言であり、Gの求めに応じて採尿容器を水洗いしたが、その容器に尿を提出することはしなかった。午前9時52分頃、医師がカテーテルを使用してXの尿を採取した。

⟨⟨Check Point⟩⟩

〈弁護人の控訴理由〉
　被告人に対する職務質問の際のその場における留置き、これに引き続く警察署への連行及び強制採尿手続にはそれぞれ違法性が認められ、前二者の違法性は強制採尿手続に承継され、その違法性の程度は令状主義の精神を没却するような重大なものであり、被告人の尿に関する捜索差押調書、鑑定書等を被告人の罪体立証に供することが将来の違法捜査抑制の見地から相当でないことから、本件鑑定書等を証拠から排除すべきであるにもかかわらず、これらを排除していない点で訴訟手続の法令違反が認められる旨主張した。

▷▷▷ 裁判所の判断 ◁◁◁

「以上の経過を踏まえて、原審証拠決定は、当初の職務質問やそれに伴う所持品検査等に違法な点はなく、M巡査部長が被告人車両のエンジンキーを抜き取った行為も許され、さらに本件現場に被告人を留め置いた間に進められた令状請求手続やその結果発付を受けた身体検査令状及び強制採尿令状の執行手続そのものについても違法な点はないものの、その留め置いた措置は違法であり、このような違法な捜査手続により得られた状態を直接利用してなされた本件強制採尿手続も違法性を帯びるが、その違法の程度は大きいものではないとして、本件鑑定書等の証拠能力を認めることができるとするが、その判断は次のとおり正当として是認することができる。

　すなわち、本件における強制採尿手続は、被告人を本件現場に約３時間にわたって留め置いて、職務質問を継続した上で行われているのであるから、その違法性は、それに先行する上記一連の手続の違法の有無、程度をも十分考慮してこれを判断する必要がある。」

　「そこで、被告人に対する本件現場への留め置きについてみると、当初は警察官職務執行法２条１項に基づく職務質問を行うために停止させる方法として必要かつ相当な行為として適法性を有していたこと、被告人の覚せい剤使用の嫌疑は濃厚になっていたこと、そのような嫌疑のある被告人については交通危険の防止という面からも自動車の運転を阻止する必要性があったことが認められるが、これらの事情を考慮しても、被告人が自車に閉じこもった行為は任意同行に応じない態度を示すものといえること、午前６時36分ころから39分ころにかけて自車を動かしたりクラクションを鳴らしたりした行為はその態度を一層明らかにしたものといえること、被告人を本件現場に留め置いてから被告人に対する身体検査令状の執行が開始されるまでの間に約３時間経過していることに照らすと、その留め置き措置は、被告人に対する任意同行を求めるための説得行為としての限度を超え、被告人の移動の自由を長時間にわたって奪った点において、任意捜査として許容される範囲を逸脱したものといわざるを得ない。

　しかし、上記のとおり、上記職務質問開始から被告人の留め置きの当初にかけては違法な点はみられないこと、警察官らは、被告人車両を警察官らやパトカーで取り囲み、被告人車両での移動を阻止したにとどまり、その間、被告人は車内で携帯電話を使用したりたばこを吸ったりしていたのであって、被告人車両の取り囲みは、被告人の身体に対する直接の有形力の行使ではないし、被告人の行動の自由を制約した程度はさほど強いものではなく、被告人を移動させないための必要最小限度の範囲にとどまるものといえること、警察官らは裁判所への令状請求手続を速やかに進めていること、発付を受けた令状の執行も適切に行っていること、これらの事情から警察官らに令状主義を潜脱する意図はなかったものと認められることなどに照らすと、被告人を本件現場に留め置いた措置の違法性の程度は、いまだ令状主義の精神を没却するような重大なものとはいえない。

　そして、本件の強制採尿手続に先行する他の手続及び強制採尿手続自体には違法な点はないことからすれば、職務質問開始から強制採尿手続に至る一連の手続を全体としてみた場合に、その手続全体を違法と評価し、これによって得られた証拠を被告人の罪証に供することが、違法捜査抑制の見地から相当でないとは認められない。

　そうすると、本件鑑定書等の証拠能力を肯定することができる。」

　「付言すると、当裁判所も、前記のとおり、被告人を本件現場に留め置いた点を一応違

法とせざるを得ないと判断するものであるが、このように覚せい剤使用の嫌疑が濃厚な被告人らにつき、警察官が令状請求の手続をとり、その発付を受けるまでの間、自動車による自由な移動をも容認せざるを得ないとすれば、令状の発付を受けてもその意義が失われてしまう事態も頻発するであろう。本件のような留め置きについては、裁判所の違法宣言の積み重ねにより、その抑止を期待するよりは、令状請求手続をとる間における一時的な身柄確保を可能ならしめるような立法措置を講ずることの方が望ましいように思われる。」

解　　説

　本判決は、覚せい剤使用の容疑がある者を職務質問の現場に約３時間にわたり留め置き、その間に強制採尿令状の発付を得て採取された尿の鑑定書等の証拠能力が争われ、その間の留置きに要した時間が約３時間（午前５時15分頃の職務質問開始、午前５時47分頃の令状請求準備、午前８時頃強制採尿令状、身体検査令状の発付、午前８時14分頃からまず身体検査令状の呈示・執行に着手）であっても違法と判断されたものである（もっとも、鑑定書等の証拠能力は肯定された。）。

1　平成20年東京高裁判決の特徴

　本判決の特徴は、本件現場における留置きに関し、「付言すると」として「被告人を本件現場に留め置いた点を一応違法とせざるを得ないと判断」しつつ、「このように覚せい剤使用の嫌疑が濃厚な被告人らにつき、警察官が令状請求の手続をとり、その発付を受けるまでの間、自動車による自由な移動をも容認せざるを得ないとすれば、令状の発付を受けてもその意義が失われてしまう事態も頻発するであろう。本件のような留め置きについては、裁判所の違法宣言の積み重ねにより、その抑止を期待するよりは、令状請求手続をとる間における一時的な身柄確保を可能ならしめるような立法措置を講ずることの方が望ましいように思われる。」として、強制採尿令状請求の間に、対象者の一次的身柄拘束のための立法化を提言していることである。

　この平成20年東京高裁判決の提言（問題提起）が嚆矢となり、既に本書[2]事例及び[3]事例で紹介したとおり、平成21年東京高裁判決と平成22年東京高裁判決が留置きの適法性を判断するに当たり、「純粋に任意捜査として行われている段階」と「強制手続への移行段階」とに分けるという二分説（論）を採用する契機となったものといえる。特に、強制手続への移行段階については、平成21年東京高裁判決が、「最後に付言する」との断り

を入れた後に、「強制手続への移行段階における留め置きであることを明確にする趣旨で、令状請求の準備手続に着手したら、その旨を対象者に告げる運用が早急に確立されるのが望まれるが、本件では、そういった手続が行われていないことで、これまでの判断が左右されることにはならない。」との見解を述べるに至るのである。

さらに、平成22年東京高裁判決の平成21年東京高裁判決の付言を受けた強制採尿令状を請求するためには、「予め採尿を行う医師を確保することが前提となり、かつ、同令状の発付を受けた後、所定の時間内に当該医師の許に被疑者を連行する必要もある。したがって、**令状執行の対象である被疑者の所在確保の必要性には非常に高いものがあるから、強制採尿令状請求が行われていること自体を被疑者に伝えることが条件となるが、純粋な任意捜査の場合に比し、相当程度強くその場に止まるよう被疑者に求めることも許される**と解される。」との判示に連なるのである。

プラス・アルファ

　この点につき、大澤裕「強制採尿に至る被疑者の留め置き」研修第770号15頁は、平成21年東京高裁判決と平成22年東京高裁判決について、「この問題提起に対する解釈論による解答案ともいえるが、移動の自由に対する数時間単位の制約が手続構造上不可避的に必要とされる問題の性格と、同種の問題の発生頻度に鑑みると、上記の判示が示唆する立法による対応の方がより賢明であるようにも思われる。」としている。

2　覚せい剤使用容疑者を職務質問現場に約3時間、令状発付までの間留め置いたことにつき、違法との判断は妥当か

　そこで、この問題を検討するため、まず時系列で確認すると、①午前5時15分頃、不審車両の停止、職務質問、Xの腕の注射痕などから覚せい剤使用の嫌疑を深め、任意同行、尿の提出を求めるも拒否、②午前5時47分頃、強制採尿手続が必要と判断、職務質問開始から強制採尿令状請求準備に入るまでの時間的経過は約32分、③午前5時40分ないし50分頃までに、応援パトカーが臨場、M巡査部長はXに令状請求手続を告知、Xは「おれは何時間でもここにいるよ」などと応答し、なおも同行を拒否、その後も説得継続、④午前6時36分頃、Xは自車を約1メートル前方に移動、⑤午前6時39分頃、Xがクラクションを鳴らしたため、「危険だから動かさないようにしてください。警告します。」などと警告、X車両の前方後方及び右方にパトカー停車、警察官数人がX車両を取り囲むよう佇立、その後の説得にも応じず、Xは車内で携帯電話を使用、たばこを吸引、⑥午前6時40分ないし45分頃、令状請求のため新宿警察署出発、⑦午前8時頃、東京簡易裁判所裁判官

から身体検査令状及び強制採尿令状の発付、⑧午前8時14分頃、Xは車外に出ようとせず、また窓ガラスに貼り付けるようにして示された身体検査令状を見ようとしない、⑨午前8時21分頃、ガラスクラッシャーを使用して運転席側窓ガラスの破壊、Xは抵抗するも、パトカーに乗り込み新宿署に、⑩午前8時28分頃、新宿警察署到着後、身体検査令状の執行、両手首の注射痕様の痕跡の写真撮影、⑪午前9時10分頃、強制採尿令状の呈示、⑫午前9時52分頃、甲医院にて医師が尿を採取した、という経緯である。

　すると、本件現場での留置きは、職務質問を開始した午前5時15分頃から、現場で令状呈示が可能となった午前8時14分頃までの約3時間である。この間の時間的経過を見ると、職務質問開始から強制採尿令状請求準備を決断するまで約32分、令状請求準備から内部決裁の後、令状請求書を携えて警察署を出るまで約1時間、令状請求準備から裁判所の令状発付まで約2時間13分であり、これらに要した時間は、実務上も迅速な処理といえる程度であるし、いずれも妥当なものと評価できるのである。

　しかし、平成20年東京高裁判決は、なぜか約3時間の留置きを違法なものと判断しているが、これはどのような事情を踏まえたのであろうか。

　まず、その判決文の内容からも明らかなように、平成6年最高裁決定（⇨本書**4**事例）と同様な論理構成のもとに判断しているといえる。同決定において、「本件は、強制採尿令状を請求して強制捜査に移行するか、そのまま被告人を解放するかについての警察官の見極めが遅れたため、結果として令状に基づくことなく被告人の移動の自由を長時間奪った点において違法とされた。」との中谷解説(15)に従えば、**職務質問開始から強制採尿手続準備に入るまでの時間経過は約32分であり、適切な見極めのもとで判断されている**といえる。

　しかも、M巡査部長はXの説得を続ける一方、Xに対しても強制採尿令状請求の手続を執ることを伝えており、それに対して、Xは**「おれは何時間でもここにいるよ」**などと言っていたことからすれば、**Xは同行を拒否しつつも、現場に留まることを明確に承諾していたとみることが合理的**と思える。その後、Xは、現場に留まる意思のもとで、同車のエンジンを始動し、窓を閉めてドアをロックし、M巡査部長の説得に応じないが、車内で携帯電話を使用したりたばこを吸ったりしていたという事情に照らすと、なお、現場に留まる意思を有していたことがうかがわれよう。

　そして、この間の令状請求準備から裁判所の令状発付まで約2時間13分、更に現場で令状呈示が可能となるまで約2時間27分であり、この所要時間は、**実務上も極めて妥当な時**

---

(15)　中谷雄二郎『最高裁判所判例解説　刑事篇（平成6年版）』（法曹会）186頁

間とみることができる。留置きは、職務質問の現場への留置き、あるいは任意同行後の警察署への留置きにせよ、そこには時間的要素が必然的に関わってくる。

　そこで、その留置きに要した時間が妥当なものかどうか、つまり、それが任意捜査の適否の判断に当たっては、事案の性質、嫌疑の程度、捜査の必要性・緊急性、被侵害利益の種類・侵害の程度、有形力行使の態様、被疑者の態度、侵害される個人の法益と保護すべき公共の利益との権衡などの諸事情を総合考慮し、その捜査方法が社会通念上許容される限度内のものかどうかを検討すべきものと解される。

　それでは、平成20年東京高裁判決では、Ｘに対する本件現場への留置きをどのような理由から違法と判断したのであろうか。

　この点、判決は、Ｘに対する職務質問及びその現場への留置きという一連の手続の適否を判断するにつき、まず、留置きの契機となった事情要素として、当初は警職法第2条第1項に基づく職務質問を行うために停止させる方法として必要かつ相当な行為として適法性を有していたこと、Ｘの覚せい剤使用の嫌疑は濃厚になっていたこと、そのような嫌疑のあるＸについては交通危険の防止という面からも自動車の運転を阻止する必要性があったことを挙げている。

　ところが、なおこれらの事情を考慮しても、Ｘが自車に閉じこもった行為は任意同行に応じない態度を示すものといえること、午前6時36分頃から39分頃にかけて自車を動かしたりクラクションを鳴らしたりした行為はその態度を一層明らかにしたものといえること、Ｘを本件現場に留め置いてから同人に対する身体検査令状の執行が開始されるまでの間に約3時間経過していることに照らすと、その留置き措置は、「被告人に対する任意同行を求めるための説得行為としての限度を超え、被告人の移動の自由を長時間にわたって奪った点において、任意捜査として許容される範囲を逸脱したものといわざるを得ない。」という。

　しかし、Ｘが自車に閉じこもった行為は任意同行に応じない態度を示すものといえるとしても、職務質問開始から強制採尿手続準備に入るまでの時間的経過は約32分であり、Ｍ巡査部長はＸの説得を続け、Ｘに**令状請求の手続をすることを伝えたところ、「おれは何時間でもここにいるよ」**などと言っていたことからみると、**離脱退去することなくＸは自車に閉じこもり任意同行に応じない態度を示すも、その言動から現場に留まることを承諾していた**といえると考えられる。

　次に、午前6時36分頃から39分頃にかけて自車を約1メートル前方に動かしたりクラクションを鳴らしたりした行為はその態度を一層明らかにしたものといえるとしても、警察

官が「危険だから動かさないようにしてください。警告します。」などとの警告には従い、それ以上の行動には出ることなく、Ｘ車両の前方、後方及び右方にはパトカーが停車し、警察官数人がＸ車両を取り囲むように立っていた中で、**任意同行の説得に応じないながらも、「車内で携帯電話を使用したりたばこを吸ったりしていた」というのであるから、強いて現場から離脱退去する意思まではなく、なおも現場に留まることを承諾していた**と考えられる。

これに対し、判決は、Ｘを本件現場に留め置いてから同人に対する身体検査令状の執行が開始されるまでの間に約３時間経過していることを重視し、違法と判断したとみられる。しかし、この間の令状請求準備から内部決裁の後、令状請求書を携えて警察署を出るまで約１時間、令状請求準備から裁判所の令状発付まで約２時間13分であり、この所要時間は、**令状請求における物理的な時間的制約の中で、極めて迅速な令状事務処理がなされている**と評価できるものと考えられる。

そして、午前８時14分頃、令状発付を受けたＴ警部補らが本件現場に到着し、Ｘらに外に出るよう呼びかけたが、Ｘらは応じず、Ｘ車両の窓ガラスに貼り付けるようにして示されたＸらを被処分者とする身体検査令状を見ようとせず、車外に出ようともしなかった。やむなく午前８時21分頃、Ｍ巡査部長がガラスクラッシャーを使用して、Ｘに危険が及ばないよう力を加減してＸ車両の運転席側窓ガラスを割り、エンジンを停止させ、ドアを開けた。Ｘは、抵抗して出てこなかったものの、Ｔ警部補による説得の末に自ら車外に出て、Ｍ巡査部長を含む警察官らに伴われてパトカーに乗り込んだという状況を踏まえると、Ｘは現場から離脱する意思は乏しかったものといえる。

そればかりか、むしろ、Ｍ巡査部長が、Ｘを説得するもこれに応じないため、Ｘに令状請求の手続をすることを伝えたところ、車外にいたＸは「おれは何時間でもここにいるよ」などと言った手前、その現場から離脱することをＸ自身、自ら困難にしたものともいえるのである。

そうだとすると、約３時間の留置きについては、平成６年最高裁決定の趣旨及びその後の平成21年東京高裁判決、平成22年東京高裁判決の判断枠組みで検討した場合、本件判決の言うような「被告人に対する任意同行を求めるための説得行為としての限度を超え、被告人の移動の自由を長時間にわたって奪った点において、任意捜査として許容される範囲を逸脱したものといわざるを得ない。」とまでは、いえないのではないかと考えるのである。

プラス・アルファ

　弁護人は控訴理由において、本件の身体検査令状に、対象者を身体検査の場所まで連行することを許可する記載がなく、その点の司法審査がなされていないと主張していた。これに対し、東京高裁は、「対象者の現在する場所で検査することが原則とされ、そこで検査することが相当でないときは、身体検査令状により、最寄りの検査に適する場所まで対象者を連行することが予定されているためであると解されるから、身体検査令状に基づいて身柄を拘束されていない被疑者を連行することは許されるといえる。」と述べている。

8　覚せい剤使用の嫌疑が認められた被疑者を、職務質問開始から強制採尿令状の発付を受けて本件現場に戻るまでに約5時間32分、その後警察署に任意同行した被疑者に同令状を呈示するまで約6時間22分留め置いた措置について、警察官による有形力行使の程度、強制採尿令状請求の準備が開始された状況等からすると、違法な点は認められないとされた事例

〈東京高裁平成25年1月23日判決　刑事法ジャーナル39号128頁〉

　本件は、覚せい剤使用の嫌疑が認められた被疑者を、職務質問開始から強制採尿令状の発付を受けて本件現場に戻るまでに約5時間32分、その後警察署に任意同行した被疑者に同令状を呈示するまで約6時間22分留め置いた措置について、警察官による有形力行使の程度、強制採尿令状請求の準備が開始された状況等からすると、違法な点は認められないとされた事例である。

要　旨

① 職務質問を開始した際、被告人らに覚せい剤取締法違反等の犯歴があり、挙動等からも覚せい剤使用の嫌疑が認められたというべきで、職務質問を開始し、被告人らの同意を得て所持品検査及び本件車両の検査を行ったことに何ら違法な点は認められない。

② 被告人に覚せい剤事犯等の犯歴や覚せい剤使用者特有の特徴があったこと、任意採尿及び任意同行の説得に対し、令状を持ってこいなどと言って頑なに拒否していたことに照らし、強制採尿令状の請求に至った判断は相当である。

③ 被告人らに対する職務質問、任意採尿等の説得を尽くし、本件現場に参集した十数名の者への対応をしながら強制採尿令状の請求に至った経緯を考えると、その請求に着手した時間経過にも特段の問題はない。また、この間、警察官らにより積極的に被告人らの意思を制圧する行為等もなかったのであるから、警察官側の対応に違法な点は認められない。

④ 強制採尿令状請求のためには、採尿担当医師の確保が必要であり、本件が深夜における複数の令状請求であったこと、強制採尿令状発付の旨を伝えると任意同行に応じたため、本件現場で同令状の呈示がされなかったことも考えると、この時間経過が不当に長いとまではいえない。

⑤　この間の留置きの態様をみると、警察官らが職務質問を継続する中で、本件現場を離れようとする被告人の進行を遮り、本件現場に戻そうとしたことは認められるものの、その際の有形力の行使は、手を被告人の胸の前に出したりしたなどの程度のもので、結局、説得を受けて自主的に本件現場に戻ったことが認められる。

⑥　上記のような嫌疑が存在する中で強制採尿令状請求の準備が開始された状況にあり、同令状発付後は、速やかに同令状が執行されなければ捜査上著しい支障が生じることが予想され、相当な嫌疑の下で被告人の所在確保の必要性が高まっていた。被告人が退去の意向を示したとしても、なお現場に留まるよう説得を続けること自体は否定されるものではなく、被告人を本件現場に留めようとした措置に違法な点は認められない。

⑦　被告人は、強制採尿令状が発付されたことを知らされて警察署に赴き、同令状の呈示を受けて尿を任意に提出した。その際、警察官から緊急鑑定の結果が出るまで待つよう言われたのに対し、明確に返答しなかったものの、喫煙所での喫煙や携帯電話で電話するなどしており、この間、警察官らによって行動を抑圧された状況は認められないから、自己の自由意思で同警察署内に留まっていたものと評価できる。

⑧　以上によれば、被告人に対する職務質問から緊急逮捕に至る警察官らの行為や手続を全体としてみても違法な点は認められず、本件鑑定書の証拠能力を肯定した原判決の判断は正当である。

cf. 刑訴法第１条、第197条、第198条、第218条、第219条、警職法第２条、道交法第67条等

▶▶▶ 事案の概要 ◀◀◀

①　警視庁向島警察署のＯ警部補らは、平成23年11月20日午後11時30分頃、被告人Ｘ（以下「Ｘ」という。）ら３名が乗車する本件車両について、不審事由を認め、同日午後11時33分頃、Ｘらに対する職務質問を開始したところ、Ｘらの犯歴や対応状況等から覚せい剤等使用の疑いがあると考え、同意を得て所持品検査及び本件車両の検査を行ったが、覚せい剤等は発見されず、更にＸらに対し、任意採尿に応じるよう説得したが、Ｘ及びＳはこれを拒否した。

②　その後、Ｘらの社長と名乗るＦ及びＸの知人十数名が順次本件現場に現れ、Ｘらを帰すよう申し向け、任意採尿に応じる必要はないなどと大声を上げるなどした。

③　この間、順次警察官の応援要請がなされ、翌21日午前零時40分頃までに、本件現場に

出動した警察官は11名に及んだ。

④　その頃応援要請を受けて本件現場に臨場したＫ巡査部長は、Ｘに対し、任意採尿及び向島警察署への任意同行の説得をし、応じない場合には強制採尿令状を請求する旨を伝えたが、Ｘが令状を持ってこいなどと言っていずれも拒否したので、強制採尿令状を請求することとし、同日午前１時頃、Ｏ警部補とともに向島警察署へ向かった（ここまで職務質問開始から約１時間27分が経過）。

⑤　Ｙ巡査部長らは、その後も本件現場で、Ｘに対し、任意採尿等に応じるよう説得を続けていたが、Ｘはこれを拒み、同日午前２時20分頃、タクシーで帰ると言って歩道から車道へ飛び出したので、Ｙ巡査部長が追い掛けてＸの右側からＸの胸の前に右腕を出して戻るように言ったが、Ｘがさらに車道の方に進もうとしたので、Ｘの胸の前に出した右腕に力を入れて制止したところ、Ｘは、うるせえなどと言いながら自ら反転して歩道の方へ戻った（なお、Ｘが、同日午前２時20分頃、タクシーで帰ると言って歩道から車道に飛び出し、タクシーで帰ろうとして、タクシーを停止させたにもかかわらず、Ｙ巡査部長がタクシー運転手に働き掛けて乗車させず、その帰宅を阻止したことが認定されている）。

⑥　更に、Ｘは、帰るなどと言って本件現場から歩き始めたので、Ｙ巡査部長は、もう１名の警察官と追い掛け、追従しながら本件現場に戻るよう説得したが、Ｘがなおも歩き続けたので、その前方に行き、両腕をＸの胸の前に出して、後ずさりしながら、Ｓ及びＴを置いて帰るのかなどと告げたところ、Ｘは、うるせえなどと言いながら本件現場に戻った。

⑦　Ｘは、本件現場において、参集したＦらと自由に話をしたり、飲み物等を受け取ったりし、また、コンビニエンスストア内のトイレに行くなどしていた。

⑧　一方、Ｘ及びＳに対する強制採尿令状請求のため本件現場を離れたＫ巡査部長らは、向島警察署に到着後、疎明資料を整え、同日午前３時30分頃同署を出発し、午前４時38分頃、Ｘ及びＳに対する同令状の発付を受け、同日午前５時５分頃、本件現場に戻った（ここまで職務質問開始から約５時間32分が経過）。

⑨　Ｋ巡査部長らは、Ｘらに強制採尿令状を持ってきた旨伝えると、Ｘが、令状が出たのなら警察に行く、歩いて行きたいと述べたので、その場で強制採尿令状の執行はせず、警察官に付き添わせて、徒歩でＸを向島警察署に任意同行させた。

⑩　Ｘは、同日午前５時20分頃、向島警察署に到着し、Ｋ巡査部長は、同日午前５時55分頃、Ｘに対して強制採尿令状を呈示した（ここまで職務質問開始から約６時間22分が経過）。

⑪　強制採尿令状を呈示されたＸは、尿を任意提出したので、同日午前６時５分から簡易検査を行い、覚せい剤の陽性反応が出たので、Ｋ巡査部長は、その結果をＸに伝えたが、

慎重を期すため緊急鑑定をすることとし、Xに対し、正式鑑定結果が出るまで待ってほしいと伝えると、Xはこれには答えず、とりあえずタバコを吸わせろと答え、その後、同日7時30分頃から同日午前9時30分頃まで、P警部補ほか2名の警察官とともに同署内の喫煙所に行き、喫煙するとともに携帯電話でいずれかに電話をしていた。

⑫　この間、同日午前7時頃、Fが同署に到着したが、K巡査部長らからXの尿の簡易検査の結果が陽性だったことを聞き、面会を要求することなく帰ったので、同日午前7時10分頃、K巡査部長らが取調べ室でXにその旨を伝えた。

⑬　P警部補は、同日午前10時38分頃、緊急鑑定の結果が陽性である旨の連絡を受け、同日午前10時40分頃、Xを緊急逮捕した（ここまで職務質問開始から約11時間7分が経過）。

《〈Check Point〉》

〈弁護人の控訴理由〉
　被告人の尿の鑑定書は、職務質問の現場での6時間近くに及ぶ違法な立ち去り阻止と、その後の警察署での約5時間に及ぶ違法な留置きの結果得られたものであるから、令状主義の精神を没却し、これを証拠として許容することが将来の違法捜査抑止の見地から相当でない違法収集証拠として証拠能力がない旨主張した。

▷▷▷ **裁判所の判断** ◁◁◁

　本判決は、被告人に対する職務質問、所持品検査、留置き、向島警察署への同行等一連の捜査手続はいずれも任意捜査として行われたものであるところ、**任意捜査の適法性の有無は、事案の性質、被疑者に対する嫌疑の程度、被疑者の態度等諸般の事情を勘案して、社会通念上相当と認められる方法、態様及び限度において許容されるか否かによる**、との**判断枠組み**を示した後、個別に捜査手続の適法性について検討している。

1　職務質問の開始及び続行について

　「O警部補らは、墨田区内をパトカーで警ら中、反対車線を走行する本件車両を運転する被告人がパトカーを見て目をそらし、本件車両の窓ガラスが半分開いていたのを認め、当日の気温が低くて寒かったことに加え、経験上、薬物中毒者は温度感覚が若干麻痺していることや、酒気帯び運転者が酒の臭いを消すために窓を開けることがあることなどから不審に思い、本件車両を現場に停止させて職務質問を開始したが、本件車両には、被告人、S及びTが乗車していたところ、犯歴照会等により、被告人及びSに覚せい剤取締法違反等の犯歴があることが判明した上、被告人は、頬が若干こけ、肌に色艶がなく、職務質問

が続くと早くしろと大声を出し始め、唇をなめ回したり、肩を揺らしたり、足を前後に揺すったりするなど落ち着きがない様子を見せ、視線が定まらない状態になってきたというのであるから、被告人には**覚せい剤使用等の嫌疑**が認められたというべきで、Ｏ警部補らが、職務質問を開始し、被告人らの同意を得て所持品検査及び本件車両の検査を行ったことに何ら違法な点は認められない。」

2　留置き行為の適法性について

「警察官らは、その後も強制採尿令状が発付されてこれを被告人に呈示するまでの間、職務質問を継続したところ、Ｋ巡査部長らが強制採尿令状請求のため本件現場を離れたのは職務質問の開始から約１時間27分後であるが、被告人に覚せい剤事犯等の犯歴があったこと、上記のような覚せい剤使用者特有の特徴があったこと、任意採尿及び任意同行の説得に対し、令状を持ってこいなどと言って頑なに拒否していたことに照らせば、**強制採尿令状の請求に至った判断は相当**であり、また、被告人ら３名に対して職務質問を行い、被告人及びＳに対する説得を尽くした上、本件現場に参集したＦら十数名の者への対応をしながら強制採尿令状の請求に至った経緯を考えると、その**請求に着手した時間経過にも特段の問題はなく**、この間、**警察官らにより積極的に被告人らの意思を制圧するような行為等もなかった**のであるから、警察官側の対応に違法な点は認められない。

その後、強制採尿令状の発付まで約３時間38分、同令状が発付された旨を被告人に伝え、被告人が向島警察署に自ら向かうまでは約４時間５分、向島警察署で被告人に同令状を呈示するまでには約４時間55分が経過しているが、**強制採尿令状請求のためには、採尿担当医師の確保が必要であり**、本件が深夜における複数の令状請求であったこと、強制採尿令状発付の旨を伝えると被告人が任意同行に応じたため、本件現場で同令状の呈示がされなかったことも考えると、この**時間経過が不当に長いとまではいえない**。

そして、この間の留置きの態様についてみると、本件現場では、被告人らが、連絡を受けて集まってきたＦらと自由に話をしたり、飲食物を受け取るなどしており、**警察官らが被告人の行動を不当に制約した状況も認められない**。すなわち、警察官らが職務質問を継続する中で、本件現場を離れようとする被告人の進行を遮り、本件現場に戻そうとしたことは認められるものの、その際の有形力の行使は、手を被告人の胸の前に出し、これに力を入れて制止したり、後ずさりしながら両腕を胸の前に出したりしたという程度のもので、被告人も、結局は警察官らの説得を受けて自主的に本件現場に戻ったことが認められる。

この際、被告人が、「帰る。」などと言っていることから本件現場を離れようとしていることはうかがえるが、既に上記のような嫌疑が存在する中で強制採尿令状請求の準備が開始された状況にあり、**強制採尿令状発付後は、速やかに同令状が執行されなければ捜査上**

著しい支障が生じることが予想され、**相当な嫌疑の下で被告人の所在確保の必要性が高まっている**といえるから、被告人が上記のような意向を示したとしてもなお現場に留まるよう説得を続けること自体は否定されるものではなく、その説得の過程で警察官らが上記のような態様で被告人を本件現場に留めようとした措置に違法な点は認められない。

　被告人は、強制採尿令状が発付されたことを知らされて向島警察署へ行く旨を述べ、自ら徒歩で同署に赴き、同令状の呈示を受けて任意に尿を提出したところ、令状の呈示から緊急逮捕されるまで約4時間45分（職務質問開始から約11時間7分）が経過しているが、K巡査部長から、緊急鑑定の結果が出るまで待ってほしいと言われたのに対し明確に返答しなかったものの、とりあえずタバコを吸わせろなどと言って、向島警察署内の喫煙所でタバコを吸ったり、携帯電話で電話するなどしており、この間、**警察官らによって行動を抑圧された状況は認められないから、自己の自由意思で同警察署内に留まっていた**ものと評価できる。

　以上の検討によれば、被告人に対する職務質問から緊急逮捕に至る警察官らの行為や手続を全体としてみても違法な点は認められず、本件鑑定書の証拠能力を肯定した原判決の判断は正当である。」

プラス・アルファ

　なお、本件弁護人は、控訴趣意書において、被告人が11月21日午前2時20分頃、タクシーで帰ると言って歩道から車道へ飛び出し、タクシーで帰ろうとしてタクシーを停車させたにもかかわらず、Y巡査部長がタクシー運転手に働きかけて乗車させずにタクシーを発車させ、被告人の帰宅を阻止した時点で、実質的逮捕の状態となり、被告人は令状なしに留め置かれたものであって、令状主義の精神を没却する違法があると主張している。

　これに対し本判決は、「この時点では強制採尿令状請求の準備が既に開始されており、被告人の所在確保の必要性が高まっているところ、警察官が止められたタクシーの運転手に働き掛けてこれを出発させる行為は、被告人を現場に留めるための説得を続けるために必要な行為として許容される範囲内のものと考えられ、警察官の有形力の行使もその具体的態様に照らして違法なものといえないから、実質逮捕の状態になっているともいえず、理由がない。」と排斥している。

解　　説

　本件は、覚せい剤使用の嫌疑が認められた被疑者に対し、職務質問開始から強制採尿令

状の発付を受けて本件現場に戻るまでに約5時間32分、その後警察署に任意同行した被疑
者に同令状を呈示するまでの留置きが約6時間22分、職務質問開始から緊急逮捕するまで
に約11時間7分の時間的経過があったにもかかわらず、その一連の手続に違法な点は認め
られないとされたものである。

　これに対し、平成25年東京高裁判決につき、髙橋省吾「刑事裁判例批評」刑事法ジャーナル
39号（2014年）128頁は、平成6年最高裁決定及び平成20年東京高裁判決等の指摘を踏まえる
と、「本件留め置きは、被告人に対する任意採尿及び任意同行を求めるための説得行為として
はその限度を超え、被告人の移動の自由を長時間にわたり奪った点において、任意捜査とし
て許容される範囲を逸脱したものとして違法といわざるを得ないように思われる。」と評する。
もっとも、「職務質問開始から被告人の留め置きの当初にかけては違法な点はみられないこと、
本件現場では、被告人らが、連絡を受けて集まってきたFらと自由に話をしたり、飲食物を受
け取るなどしており、警察官らが被告人の行動を不当に制約した状況も認められないこと、す
なわち、警察官らは職務質問を継続する中で、本件現場を離れようとする被告人の進行を遮り、
本件現場に戻そうとしたことは認められるが、その際の有形力の行使は、手を被告人の胸の前
に出し、これに力を入れて制止したり、後ずさりしながら両腕を胸の前に出したりしたという
程度のもので、被告人の身体に対する直接の有形力の行使ではないし、結局は被告人は警察官
らの説得を受けて自主的に本件現場に戻っていること、被告人が帰宅するため停車させたタク
シーの運転手に働き掛けて乗車させなかった点についても、警察官は、被告人の乗車を実力で
阻止したわけではないこと」などの事情に照らすと、「被告人を本件現場に留め置いた措置の
違法性の程度は、いまだ令状主義の精神を没却するような重大なものとはいえない。被告人の
尿の採取手続自体には違法な点はないことからすれば、職務質問開始から尿の採取手続に至る
一連の手続を全体としてみた場合に、その手続全体を違法と評価し、これによって得られた証
拠を被告人の罪証に供することが、違法捜査抑制の見地から相当でないとも認められない。そ
うであるとすると、本件鑑定書の証拠能力を肯定することができる。」としている。

　平成25年東京高裁判決は、Xに対する職務質問、所持品検査、留置き、向島警察署への
同行等一連の捜査手続はいずれも任意捜査として行われたものであるところ、**「任意捜査
の適法性の有無は、事案の性質、被疑者に対する嫌疑の程度、被疑者の態様等諸般の事情
を勘案して、社会通念上相当と認められる方法、態様及び限度において許容されるか否
かによる。」**との判断枠組みの下で、個別の捜査手続の適法性について検討しているので、
Xに対するO警部補、K及びY巡査部長らの対応を時間的経過に即してみることとする。
　なお、平成25年東京高裁判決は、留置きにつき、「純粋に任意捜査として行われている
段階」と強制採尿令状の発付・執行に向けた「強制手続への移行段階」に分けることをせ

ずに、その適否を判断しているが、二分説（論）により事案を検討することとする。

1　純粋に任意捜査として行われている段階

(1)　Xに対する職務質問の経緯

　O警部補らは、午後11時30分頃、都内墨田区内をパトカーで警ら中、反対車線を走行する本件車両を運転するXがパトカーを見て目をそらしたこと、本件車両の窓ガラスが半分開いていたのを認め、当日の気温が低くて寒かったことに加え、経験上、薬物中毒者は温度感覚が若干麻痺していることや、酒気帯び運転者が酒の臭いを消すために窓を開けることがあることなどから不審に思い、本件車両を現場に停止させて、午後11時33分頃、職務質問を開始した。

　本件車両には、X、S及びTの3名が乗車していたところ、犯歴照会等により、X及びSに覚せい剤取締法違反等の犯歴があることが判明したが、その際、Xは頬が若干こけ、肌に色艶がなく、職務質問が続くと早くしろと大声を出し始め、唇をなめ回したり、肩を揺らしたり、足を前後に揺すったりするなど落ち着きがない様子を見せ、視線が定まらない状態になっていることから、覚せい剤使用等の嫌疑が認められたため、同意を得て所持品検査及び本件車両の検査を行ったが、覚せい剤等は発見されなかった。

　しかし、Xらの犯歴や対応状況等からみて、なお覚せい剤等使用の疑いがあると考え、更にXらに対し、任意採尿に応じるよう説得したが、X及びSはこれを拒否した。

(2)　応援要請

　その後、Xらの社長と名乗るF及びXの知人十数名が順次本件現場に現れ、Xらを帰すよう申し向け、任意採尿に応じる必要はないなどと大声を上げるなどしたため、警察官の応援要請がなされた結果、翌21日午前零時40分頃までに、本件現場に出動した警察官は11名に及び、X、S及びFら十数名に対応することとなった。

(3)　Xに強制採尿令状請求する旨の告知と同令状請求の決断

　応援要請を受けて本件現場に臨場したK巡査部長は、Xに対し、任意採尿及び向島警察署への任意同行の説得、応じない場合には強制採尿令状を請求する旨を伝えたが、Xが令状を持ってこいなどと言っていずれも拒否したので、強制採尿令状を請求することとし、同日午前1時頃、O警部補とともに向島警察署へ向かった。

(4)　本件現場での対応の評価

　この間の職務質問の経過につき、何ら違法な点は認められないといえる。そして、任意

採尿及び警察署への任意同行を拒否しているため、Xに強制採尿令状を請求する旨を伝え、強制採尿令状請求準備に入るまでの時間は、約1時間27分である。この約1時間27分という時間が**純粋に任意捜査として行われている段階**といえる。

　この間、Xに覚せい剤事犯等の犯歴に加え、覚せい剤使用者特有の特徴があったこと、このため任意採尿及び任意同行の説得に対し、令状を持ってこいなどと言って頑なに拒否していたこと、更には、Xら3名に対する職務質問、本件現場に集まったFら十数名の者への対応を考慮すると、最終的に強制採尿令状請求に着手したのが、約1時間27分という時間経過も相当というべきであり、平成25年東京高裁判決も言うように「この間、**警察官らにより積極的に被告人らの意思を制圧するような行為等もなかった**のであるから、警察官側の対応に違法な点は認められない。」といえる。

2　強制採尿令状の発付・執行に向けた「強制手続への移行段階」

(1)　午前1時頃令状請求のため本件現場を離脱し、午前4時38分令状発付まで（約3時間38分）の本件現場での対応

①　Y巡査部長らのXに対する制止行為

　　Y巡査部長らは、本件現場で、Xに対し、任意採尿等に応じるよう説得を続けていたが、Xはこれを拒み、同日午前2時20分頃、タクシーで帰ると言って歩道から車道へ飛び出したので、Y巡査部長が追い掛けてXの右側からXの胸の前に右腕を出して戻るように言ったが、Xがさらに車道の方に進もうとしたので、Xの胸の前に出した右腕に力を入れて制止したところ、Xは、うるせえなどと言いながら自ら反転して歩道の方へ戻った。

　　更に、Xは、帰るなどと言って本件現場から歩き始めたので、Y巡査部長は、もう1名の警察官と追い掛け、追従しながら本件現場に戻るよう説得したが、Xがなおも歩き続けたので、その前方に行き、両腕をXの胸の前に出して、後ずさりしながら、S及びTを置いて帰るのかなどと告げたところ、Xは、うるせえなどと言いながら本件現場に戻った。

②　本件現場に戻った後のXの行動

　　Xは、本件現場において、参集したFらと自由に話をしたり、飲み物等を受け取ったりし、また、コンビニエンスストア内のトイレに行くなどしていた。

(2)　強制採尿令状請求準備から、同令状発付までの時間的経過（約3時間38分）

　午前1時頃、K巡査部長らは、X及びSに対する強制採尿令状請求のため本件現場を離れ、向島警察署で疎明資料を整え、午前3時30分頃同署を出発し、午前4時38分頃、裁判

所でX及びSに対する同令状の発付を受けた。

　この間、令状請求準備に要した時間は約2時間30分、同署出発から裁判所で令状発付までに要した時間は約1時間8分である。

(3)　Xに対し本件現場で、強制採尿令状を持参したとの告知から緊急逮捕までの経過

　③　午前5時5分頃、K巡査部長らは強制採尿令状を持って本件現場に戻ったが、この間、職務質問開始（午後11時33分）から約5時間32分が経過している。

　　K巡査部長らは、Xらに強制採尿令状を持ってきた旨伝えると、Xが、令状が出たのなら警察に行く、歩いて行きたいと述べたので、その場で強制採尿令状の執行はせず、警察官に付き添われて、徒歩でXを向島警察署に任意同行させた。

　④　午前5時20分頃、Xは同署に到着し、午前5時55分頃、K巡査部長はXに対して強制採尿令状を呈示したが、この間、職務質問開始から約6時間22分が経過していた。

　⑤　強制採尿令状を呈示されたXは、尿を任意提出したので、午前6時5分から簡易検査の結果、覚せい剤の陽性反応が出た。K巡査部長はその結果をXに伝えたが、慎重を期すため緊急鑑定をすることとし、Xに対し、正式鑑定結果が出るまで待ってほしいと伝えた。

　　これに対し、Xはこれには答えず、とりあえずタバコを吸わせろと答え、その後、午前7時30分頃から午前9時30分頃まで、P警部補ほか2名の警察官とともに同署内の喫煙所に行き、喫煙するとともに携帯電話でいずれかに電話をしていた。

　　なお、午前7時頃、Xらの社長と名乗るFが同署に到着したが、K巡査部長らからXの尿の簡易検査の結果が陽性だったことを聞き、面会を要求することなく帰ったので、午前7時10分頃、K巡査部長らが取調べ室でXにその旨を伝えている。

　⑥　午前10時38分頃、P警部補は緊急鑑定結果が陽性との連絡を受け、午前10時40分頃、Xを緊急逮捕したが、この間、当初の職務質問開始から約11時間7分が経過していた。

(4)　強制採尿令状請求から緊急逮捕までの対応の評価

　ア　午前1時頃令状請求のため本件現場を離脱し、午前4時38分令状発付まで（約3時間38分）の本件現場での対応

　　①のY巡査部長らのXに対する制止行為であるが、本件現場でXに対する任意採尿等に応じるよう説得を続けるも、Xはこれを拒み、タクシーで帰ると言って歩道から車道へ飛び出したので、Y巡査部長はXの胸の前に右腕を出して戻るように言ったが、

Xがさらに車道の方に進もうとしたので、Xの胸の前に出した右腕に力を入れて制止したところ、Xは、うるせえなどと言いながら自ら反転して歩道の方へ戻っている。更に、Xは、帰るなどと言って歩き始めたので、Y巡査部長らは、Xに追従しながら本件現場に戻るよう説得したが、Xがなおも歩き続けたので、その前方に行き、両腕をXの胸の前に出して、後ずさりしながら、S及びTを置いて帰るのかなどと告げたところ、Xは、うるせえなどと言いながら本件現場に戻っている。

　ここで検討するのは、Y巡査部長がXの胸の前に右腕を出して戻るように制止に及んだ行為であるが、歩道から車道に出たXに対し、本件現場に戻るよう翻意を促したといえるものであり、有形力の行使には当たらないものといえる。このことは、積極的に、被告人の意思を抑圧するような行為とは評価できないことは明らかである。また、Y巡査部長の制止行為のなかで、「S及びTを置いて帰るのか」などと告げたところ、Xは、「うるせえ」などと言いながら本件現場に戻っている。

　その後のXは、(1)②のとおり本件現場に戻った後に本件現場において、参集したFらと自由に話をしたり、飲み物等を受け取ったりし、またコンビニエンスストア内のトイレに行くなどしていた、というのであるから、そこには本件現場から離脱したいとの強い意思まではなかったものといえるだろう。

　この点、平成25年東京高裁判決が「警察官らが職務質問を継続する中で、本件現場を離れようとする被告人の進行を遮り、本件現場に戻そうとしたことは認められるものの、その際の有形力の行使は、手を被告人の胸の前に出し、これに力を入れて制止したり、後ずさりしながら両腕を胸の前に出したりしたという程度のもので、被告人も、結局は**警察官らの説得を受けて自主的に本件現場に戻った**ことが認められる。」と認定した。その上で、「被告人が、『帰る。』などと言っていることから本件現場を離れようとしていることは窺える」としつつも、「既に上記のような嫌疑が存在する中で強制採尿令状請求の準備が開始された状況にあり、**強制採尿令状発付後は、速やかに同令状が執行されなければ捜査上著しい支障が生じることが予想され、相当な嫌疑の下で被告人の所在確保の必要性が高まっている**といえるから、被告人が上記のような意向を示したとしてもなお現場に留まるよう説得を続けること自体は否定されるものではなく、その説得の過程で警察官が上記のような態様で被告人を本件現場に留めようとした措置に違法な点は認められない。」との判断は正鵠を得たものである。

　また、午前2時20分頃、タクシーで帰ると言って歩道から車道に飛び出し、タクシーで帰ろうとして、タクシーを停止させたにもかかわらず、Y巡査部長がタクシー運転手に働き掛けて乗車させず、その帰宅を阻止した点につき、本判決は、「この時点では強制採尿令状請求の準備が既に開始されており、被告人の所在確保の必要性が高

まっているところ、警察官が止められたタクシーの運転手に働き掛けてこれを出発させる行為は、被告人を現場に留めるための説得を続けるために必要な行為として許容される範囲内のものと考えられ、警察官の有形力の行使もその具体的態様に照らして違法なものといえない」との判断をしているが、これは**強制採尿令状の発付・執行を前提としてＸの所在確保の必要性が高まっていることを理由に、留め置くための説得に必要な行為として許容される**としたものである。

このように、相当な嫌疑の下で「被告人の所在確保の必要性が高まっている」との判示は、直接、二分説（論）を明言していないが、平成21年東京高裁判決の「強制採尿令状の請求が検討されるほどに嫌疑が濃い対象者については、強制採尿令状発付後、速やかに同令状が執行されなければ、捜査上著しい支障が生じることも予想され得ることといえるから、対象者の所在確保の必要性は高く、令状請求によって留め置きの必要性・緊急性が当然に失われることにはならない。」との判示と共通したものと理解できる。

また、平成22年東京高裁判決が「同令状を請求するためには、予め採尿を行う医師を確保することが前提となり、かつ、同令状の発付を受けた後、所定の時間内に当該医師の許に被疑者を連行する必要もある。したがって、令状執行の対象である被疑者の所在確保の必要性には非常に高いものがあるから、強制採尿令状請求が行われていること自体を被疑者に伝えることが条件となるが、純粋な任意捜査の場合に比し、相当程度強くその場に止まるよう被疑者に求めることも許されると解される。」との判示とも共通するものと理解できる。

イ　強制採尿令状請求準備から、同令状発付までの時間的経過（約３時間38分）の問題

午前１時頃、Ｋ巡査部長らは、Ｘ及びＳに対する強制採尿令状請求のため本件現場を離れ、向島警察署で疎明資料を整え、午前３時30分頃同署を出発しているので、この間、令状請求準備に要した時間は約２時間30分である。

強制採尿令状請求に際しては、当該令状発付の要件として[16]「**被疑事件の重大性、嫌疑の存在、当該証拠の重要性とその取得の必要性、適当な代替手段の不存在等の事情に照らし、犯罪の捜査上真にやむをえないと認められる場合**」には、「**最終的手段として**」行うべきことの**疎明**が求められるところ、しかも本件では、Ｘ及びＳの両名に対する請求であることからすると、強制採尿令状請求準備に要した時間が約２時間30分を要したからといって、不当に長いとまではいえないであろう。

---

(16)　最決昭和55年10月23日刑集34巻５号300頁。

　覚せい剤使用罪の疎明資料につき、廣上克洋編『令状請求ハンドブック』（立花書房、2014年）221頁は、「覚醒剤使用罪の場合、強制採尿のための令状請求に当たっては、注射痕、覚醒剤を使用していると疑わせる言動、覚醒剤使用の前科・前歴、家族・知人の供述、覚醒剤あるいは注射器等の所持の事実などが疎明資料となろう。」と述べている。

　また、疎明資料を整え、午前３時30分頃同署を出発し、午前４時38分頃、X及びSに対する同令状の発付を受けたが、この間、令状発付までに要した時間は約１時間８分であるが、X及びSの両名に対する請求である上、未明の時間帯の請求であることを踏まえると、極めて迅速な令状審査といえるだろう。

　そして、ここで更に検討を要するのは、午前５時５分頃、K巡査部長らは強制採尿令状を持って本件現場に戻り、Xに同令状が発付されたことを伝えているが、この間、職務質問開始（午後11時33分）から約５時間32分が経過しているため、この間の留置きの適法性をどのように考えるかである。

　まず、前記１の「純粋に任意捜査として行われている段階」についてみると、職務質問に際して、Xに覚せい剤事犯等の犯歴に加え、覚せい剤使用者特有の特徴があったことから、任意採尿及び任意同行の説得を試みるも、令状を持ってこいなどと言って頑なに拒否していたことからXに強制採尿令状請求する旨を伝えていること、更には、Xら３名に対する職務質問、本件現場に集まったFら十数名の者への対応を考慮すると、強制採尿令状請求を決断したのが、職務質問から約１時間27分という時間の経過後であったとしても、それは相当と評価でき、何ら違法視する点は認められないといえる。

　次に、前記２の強制採尿令状の発付・執行に向けた「強制手続への移行段階」については、X及びSの両名に対する請求であることからすると、強制採尿令状請求準備に要した時間が約２時間30分を要したからといって不当に長いとまではいえないし、その後疎明資料を整えた上、裁判所に赴き同令状請求し、この間、令状発付までに要した時間が約１時間８分であったとしても、X及びSの両名に対する請求の上、かつ未明の時間帯の請求であることを踏まえると、それは極めて迅速な令状審査と評価できる。

　午前４時38分頃令状発付を受けて、午前５時５分頃本件現場に戻り、Xに強制採尿令状発付を伝えているが、この間、裁判所から本件現場への移動に要した時間を含め27分であり、したがって、職務質問開始から通じて約５時間32分が経過し、それに伴

う留置き時間が結果的に約5時間32分に及んだとしても、ことさら長時間にわたるとまでいえない、と考える。

ウ　Xに対し本件現場で、強制採尿令状を持参したとの告知から緊急逮捕までの経過時間

　この後の経過については、平成25年東京高裁判決が、Xは「強制採尿令状が発付されたことを知らされて向島警察署へ行く旨を述べ、自ら徒歩で同署に赴き、同令状の呈示を受けて任意に尿を提出したところ、令状の呈示から緊急逮捕されるまで約4時間45分（職務質問開始から約11時間7分）が経過しているが、K巡査部長から、緊急鑑定の結果が出るまで待って欲しいと言われたのに対し明確に返答しなかったものの、とりあえずタバコを吸わせろなどと言って、向島警察署内の喫煙所でタバコを吸ったり、携帯電話で電話するなどしており、この間、警察官らによって行動を抑圧された状況は認められないから、自己の自由意思で同警察署内に留まっていたものと評価できる。」との判断の下で、Xに対する職務質問から緊急逮捕に至る警察官らの行為や手続を全体としてみても違法な点は認められないとして、本件鑑定書の証拠能力を肯定した原判決を是認している。

　確かに、強制採尿令状の呈示から緊急逮捕されるまで約4時間45分、職務質問開始から約11時間7分が経過しており、時間的にみれば留置き時間が長時間に及んでいることは否めないが、前述したとおり、Xの動静と警察官の対応を個別に検討・評価した場合、本件**事案の性質、被疑者に対する嫌疑の程度、被疑者の態度等諸般の事情を踏まえ、本件事案全体を通じ、なお社会通念上相当と認められる方法、態様及び限度において任意捜査としての許容される範囲にある**ものと考えられる。

第3

「強制手続への移行段階」での任意捜査における「有形力の行使」の限界

9 任意捜査において許容される限度内の有形力の行使と認められた事例～強制採尿令状の発付・執行に向けた「強制手続への移行段階」における「有形力行使」の限界を考える手がかりとして～

〈最高裁昭和51年 3 月16日第三小法廷決定　刑集30巻 2 号187頁〉

　平成22年東京高裁判決は、強制採尿令状の発付・執行に向けた「強制手続への移行段階」において、強制採尿令状請求のために疎明資料を整えているとき、あるいは同令状を裁判所に請求中に、その対象者が留置きの現場、あるいは留め置いている警察署から、退去意思を示して退去行動に出た場合に、**「強制採尿令状請求が行われていること自体を被疑者に伝えること」**を条件に**「純粋な任意捜査の場合に比し、相当程度強くその場に止まるよう被疑者に求めることも許される」**としていることから、**いかなる限度で有形力の行使が認められるか**、その許容限度が問題となる。

　この点、強制採尿令状の発付・執行に向けた「強制手続への移行段階」であっても、いまだ任意捜査の段階にあることから、任意捜査段階における有形力の行使を一定限度で認めた昭和51年最高裁決定との関係で、その射程範囲が問題となる。

　それでは、昭和51年最高裁決定とは、どのような事案であったのか、以下に検討する。

＝ 要　旨 ＝

①　問題となるのは、出入口の方へ向かった被告人の左斜め前に立ち、両手でその左手首を摑んだＫ巡査の行為が、任意捜査において許容されるものかどうか、である。

②　捜査において強制手段を用いることは、法律の根拠規定がある場合に限り許容されるものである。しかしながら、ここにいう強制手段とは、有形力の行使を伴う手段を意味するものではなく、個人の意思を制圧し、身体、住居、財産等に制約を加えて強制的に捜査目的を実現する行為など、特別の根拠規定がなければ許容することが相当でない手段を意味するものであって、前記の程度に至らない有形力の行使は、任意捜査においても許容される場合があるといわなければならない。

③　ただ、強制手段に当たらない有形力の行使であっても、何らかの法益を侵害し又は侵害するおそれがあるのであるから、状況のいかんを問わず常に許容されるものと解するのは相当でなく、必要性、緊急性なども考慮した上、具体的状況の

もとで相当と認められる限度において許容されるものと解すべきである。

④　K巡査の行為は、呼気検査に応じるよう被告人を説得するために行われたものであり、その程度もさほど強いものではないというのであるから、これをもって性質上当然に逮捕その他の強制手段に当たるものと判断することはできない。

⑤　また、前記の行為は、酒酔い運転の罪の疑いが濃厚な被告人をその同意を得て警察署に任意同行して、被告人の父を呼び呼気検査に応じるよう説得を続けるうちに、被告人の母が警察署に来ればこれに応じる旨を述べたので、その連絡を被告人の父に依頼して母の来署を待っていたところ、被告人が急に退室しようとしたため、さらに説得のためにとられた抑制の措置であって、その程度もさほど強いものではないというのであるから、これをもって捜査活動として許容される範囲を超えた不相当な行為ということはできず、公務の適法性を否定することができない。

⑥　したがって、原判決が、前記の行為を含めてK巡査の公務の適法性を肯定し、被告人につき公務執行妨害罪の成立を認めたのは、正当というべきである。

cf. 刑訴法第197条、第198条、道交法第67条、刑法第95条等

▶▶▶ 事案の概要 ◀◀◀

①　被告人（以下「X」という。）は、昭和48年8月31日午前4時10分頃、岐阜市東栄町2丁目13番地先路上で、酒酔い運転の上、道路端に置かれたコンクリート製のごみ箱などに自車を衝突させる物損事故を起こし、間もなくパトロールカーで事故現場に到着したK、Fの両巡査から、運転免許証の提示とアルコール保有量検査のための風船への呼気の吹き込みを求められたが、いずれも拒否したので、両巡査は、道路交通法違反の被疑者として取り調べるためにXをパトロールカーで岐阜中警察署へ任意同行し、午前4時30分頃同署に到着した。

②　Xは、当日午前1時頃から午前4時頃までの間にビール大瓶1本、日本酒5合ないし6合位を飲酒した後、軽四輪自動車を運転して帰宅の途中に事故を起こしたもので、その際顔は赤くて酒のにおいが強く、身体がふらつき、言葉も乱暴で、外見上酒に酔っていることがうかがわれた。

③　Xは、両巡査から警察署内の通信指令室で取調べを受け、運転免許証の提示要求にはすぐに応じたが、呼気検査については、道路交通法の規定に基づくものであることを告げられた上再三説得されてもこれに応じず、午前5時30分頃Xの父が両巡査の要請で来

署して説得したものの聞き入れず、かえって反抗的態度に出たため、父は、説得をあき

らめ、母が来れば警察の要求に従う旨のＸの返答を得て、自宅に戻った。

④　両巡査は、なおも説得をしながら、Ｘの母の到着を待っていたが、午前６時頃になり、

Ｘからマッチを貸してほしいといわれて断わったとき、Ｘが「マッチを取ってくる。」

といいながら急に椅子から立ち上がって出入口の方へ小走りに行きかけたので、Ｋ巡査

は、Ｘが逃げ去るのではないかと思った。

⑤　そのため、Ｋ巡査は、Ｘの左斜め前に近寄り、「風船をやってからでいいではない

か。」といって両手でＸの左手首を摑んだところ、Ｘは、すぐさま同巡査の両手を振り

払い、その左肩や制服の襟首を右手で摑んで引っ張り、左肩章を引きちぎった上、右手

拳で顔面を１回殴打し、同巡査は、その間、両手を前に出して止めようとしていたが、

Ｘがなおも暴れるので、これを制止しながら、Ｆ巡査と２人でこれを元の椅子に腰かけ

させ、その直後公務執行妨害罪の現行犯人として逮捕した。

⑥　ＸがＫ巡査の両手を振り払った後に加えた一連の暴行は、同巡査から手首を摑まれた

ことに対する反撃というよりは、新たな攻撃というべきものであった。

⑦　Ｘが頑強に呼気検査を拒否したのは、過去２回にわたり同種事犯で取調べを受けた際

の経験などから、時間を引き延ばして体内に残留するアルコール量の減少を図るためで

あったとみられた。

〈〈Check Point〉〉

〈弁護人の上告理由〉

　Ｋ巡査の制止行為は、任意捜査の限界を超え、実質上の逮捕行為であり、強制力の行使と
いうべきものであり、被告人にとっては急迫不正の侵害と認められ、これに対し被告人のと
った行為は、正当防衛といえる旨主張した。

▷▷▷ 裁判所の判断 ◁◁◁

　原判決の事実認定のもとにおいて法律上問題となるのは、出入口の方へ向った被告人の

左斜め前に立ち、両手でその左手首を摑んだＫ巡査の行為が、任意捜査において許容され

るものかどうか、である。

　捜査において強制手段を用いることは、法律の根拠規定がある場合に限り許容されるも

のである。しかしながら、ここにいう**強制手段とは、有形力の行使を伴う手段を意味する**

ものではなく、個人の意思を制圧し、身体、住居、財産等に制約を加えて強制的に捜査目

的を実現する行為など、特別の根拠規定がなければ許容することが相当でない手段を意味

するものであって、**上記程度に至らない有形力の行使は、任意捜査においても許容される場合がある**といわなければならない。ただ、強制手段に当たらない有形力の行使であっても、何らかの法益を侵害し又は侵害するおそれがあるのであるから、状況のいかんを問わず常に許容されるものと解するのは相当でなく、**必要性、緊急性なども考慮した上、具体的状況の下で相当と認められる限度において許容される**ものと解すべきである。

　これを本件についてみると、K巡査の前記行為は、呼気検査に応じるよう被告人を説得するために行われたものであり、その程度もさほど強いものではないというのであるから、これをもって性質上当然に逮捕その他の強制手段に当たるものと判断することはできない。

　また、前記行為は、酒酔い運転の罪の疑いが濃厚な被告人をその同意を得て警察署に任意同行して、被告人の父を呼び呼気検査に応じるよう説得を続けるうちに、被告人の母が警察署に来ればこれに応じる旨を述べたのでその連絡を被告人の父に依頼して母の来署を待っていたところ、被告人が急に退室しようとしたため、さらに説得のためにとられた抑制の措置であって、その程度もさほど強いものではないというのであるから、これをもって捜査活動として許容される範囲を超えた不相当な行為ということはできず、公務の適法性を否定することができない。

　したがって、原判決が、前記行為を含めてK巡査の公務の適法性を肯定し、被告人につき公務執行妨害罪の成立を認めたのは、正当というべきである。

解　説

1　昭和51年最高裁決定の意義

　刑訴法第197条第1項の規定から、まず、犯罪捜査は、対象者の同意や承諾を得て実施するといった任意の方法で行うべきとする、任意捜査の原則が導き出されるが（犯罪捜査規範99条参照）、そのような任意捜査の方法で事案の真相を解明することができない場合には、刑訴法あるいはそれ以外の法律の根拠規定のある場合に限り、強制の処分を行うことができ（刑訴法197条1項ただし書）、これを強制処分法定主義という。刑訴法第197条第1項の規定からは、捜査機関は、まず、任意捜査を行うべきであり、任意捜査によって捜査目的を達成することができない場合には、強制処分をとるべきということになる。この強制処分は、同時に、憲法上、裁判官の発する令状がある場合に行うことができる。これを令状主義といい、強制処分がとられる場合には、原則として、強制処分法定主義及び令状主義の要請を満たす必要がある。

　「刑事訴訟法の条文上に規定されている強制処分には、人に対するものとして、通常（令状）逮捕（199条）、勾留（204条）、（裁判官による）証人尋問（226条・227条）がある。また、現行犯逮捕（212条１項）、準現行犯逮捕（212条２項）、緊急逮捕（210条）は、令状によらずに行われる。それに対して、物に対する処分としては、捜索（218条１項）、差押え（218条１項）、記録命令付差押え（218条1項）、検証（218条）、身体検査（218条）、鑑定処分（225条）、電気通信の傍受（222条の２、通信傍受１条以下）、領置（221条）がある。逮捕に伴う差押え・捜索・検証（220条１項２号）は、令状によらずになされる。」（関正晴編『Next 刑事訴訟法』（弘文堂、2013年）57頁（滝沢誠））。

　しかし、刑訴法第197条第１項は、「強制の処分」の具体的な内容を定義していないため、その内容が問題となる。つまり、強制捜査と任意捜査とをどう区別するかは、刑訴法第197条第１項ただし書にいう「強制の処分」の意義をどう理解するかの問題にほかならない。

　「強制の処分」は、刑事訴訟法に「特別の定めのある場合」である。そうすると、逮捕、勾留、捜索、検証などは、そこに要件や手続を定める規定が置かれており、被処分者に物理的な実力（強制力）を伴うものであり、その処分の方法・態様からして、個人の意思を制圧し、個人の身体、財産等に対する侵害行為を強制的に実現するものであるから、それらが「強制の処分」であることは異論がない。

　他方、職務質問に伴う行政警察上の処分は、対象者の所持品等について質問中、隙をみて逃げ出した者に、更に質問を続行するため追跡して、背後から手をかけて停止させた行為につき、正当な職務行為とした判例（最判昭和29年７月15日刑集８巻７号1137頁）などにみられるように、強制の処分とまで解しておらず、一定限度における物理力の行使が許容されている。

　殊に職務質問（警職法２条１項）において不審事由に基づく対象者が、どの段階で不審者、容疑者、そして捜査対象者としての被疑者に移行するかにつき、実務上、明確に峻別することが困難な場合も存し、そのような中で、行政警察活動としてなされる職務質問においては一定限度で有形力の行使が許容されるのに対し、捜査活動上においてはいかなる有形力の行使も全く許されないとするのは相当ではない。そこで、これらの整合性をどのように考えるべきかが問題となる。

　このような中で現れたのが、本件の昭和51年最高裁決定である。

　本件は任意捜査における有形力の行使が問題となった事案であり、最高裁として初めて、**任意捜査において許容される有形力行使の限度**を判示した判例であり、その判示内容からも、物理的（有形力）の行使を基準とする考え方を採用しないことを明言したものといえる。

プラス・アルファ

　この点、朝岡智幸「判例評論」判タ339号129頁は、「警職法上の職務質問は、一般には刑訴法上の犯罪の嫌疑よりもかなり軽度のいまだ特定されざる何らかの犯罪の嫌疑者に向けられ、職務質問が進むに従い、嫌疑が晴れ、あるいはこれが濃くなるという経過をとる。後者の場合、犯罪の特定化、嫌疑の濃厚化に従い、行政警察権行使としての職務質問から司法警察権行使としての被疑者に対する任意取調べに性格が変ってくるが、その移行は漸進的なものだけに境界を明確に指摘することが困難な場合が少なくない。そしてまた、相手方に対し、警職法上の任意同行・職務質問と、捜査方法としての任意同行・取調べのいずれをもなし得るときは、警察官がどちらの手段をとったのか識別することは難しい。このような場合、特段の事情がない限り、警察官としては、犯罪によって生じた危険状態、違法状態を除去して、公共の安全と秩序を回復するという行政目的と、犯人の発見、証拠の収集という捜査目的の両方をもって、行政警察権と司法警察権を競合的に行使しているとみるべきであろう。かような実態からいって、警職法上の行為に伴う有形力行使としてならばある限度で許容されるが、刑訴法上の行為に伴うものとしては全く許されないとまで断ずることについては疑問がある。…任意捜査において有形力の行使が全く許されないとまでいい切るわけにはいかないと考える。要は、有形力行使の必要性、緊急性が存し、しかもそれが相当と認められる限度のものであるかどうかにかかるといわなければならない。」と述べている。

2　昭和51年最高裁決定の構造

　第1審[17]は、K巡査によるXに対する制止行為は、職務の執行としてなされたものの、「任意捜査の限界をこえ、任意とは称しながら実質上逮捕するのと同様の効果を得ようとする強制力の行使というべきであって」、違法であるから、公務に当たらないうえ、Xにとっては正当防衛として暴行罪も成立しないとして、無罪とした。

　これに対し、原審[18]は、この判断は誤りであるとして、「任意捜査の手続においては、強制にわたることは許されないのは当然であるが、具体的事案において、通常の方法によっては所期の説得の効果があげえない状況が存し、かつ、捜査上緊急の必要性が認められるため、やむなく軽度の実力を用いたとしても、これが直ちに任意捜査の適法性の限界を超える強制力の行使とはいえない場合があると解され、そうとすれば、その限界は、実力行使が当該事案における捜査の必要性、緊急性に即して客観的に相当と認められるか否かによって決するのが相当と考えられる。」との基準の下で、K巡査がXの左斜め前に立ち、両手でその左手首を摑んだ行為は、その程度もさほど強いものではなかったから、本件に

---

(17)　岐阜地判昭和49年4月6日刑集30巻2号202頁。

(18)　名古屋高判昭和49年12月19日刑集30巻2号206頁。

よる捜査の必要性、緊急性に照らすと、呼気検査の拒否に対し翻意を促すための説得手段として、「任意捜査の範囲内の客観的に相当な実力行使」というべきであり、また、その直後にK巡査がとった行動は、Xの粗暴な振る舞いを制止するためのものと認められるので、同巡査のこれらの行動は、Xを逮捕するのと同様の効果を得ようとする強制力の行使に当たるということはできず、かつ、Xが同巡査の両手を振り払った後に加えた暴行は、新たな攻撃と認めるべきであるから、これを正当防衛と評価することができないと判示し、公務執行妨害罪の成立を認めた。

　原審が示したように、任意捜査においても、その適法性の限界を超える強制力の行使とはいえない場合があることを前提に、その限界を実力行使が当該事案における捜査の必要性、緊急性に即して客観的に相当と認められるか否かによって決するのが相当との基準も十分理解可能である。

　しかし、最高裁は、強制捜査と任意捜査の区別と、任意捜査において許容される有形力行使の限界の問題を分けた上で、その新たな許容基準の下で、結論として「原判決が、右の行為を含めてK巡査の公務の適法性を肯定し、被告人につき公務執行妨害罪の成立を認めたのは、正当というべき」との判断を示したものである。

　ところで、新たに最高裁の示した**任意捜査における有形力行使の許容基準の判断手法**は、まず、**強制手段の意義を明らかにした上で、次に、任意捜査において強制手段に当たらない有形力の行使につき、それが任意捜査において許容される場合と、許容されない場合がある、との二段階の構成**のもとで、許容要件を導いている。

(1)　強制手段とは何か

　強制手段とは、①「有形力の行使を伴う手段を意味するものではなく、個人の意思を制圧し」、②「身体、住居、財産等に制約を加えて」、③「強制的に捜査目的を実現する行為など」、④「特別の根拠規定がなければ許容することが相当でない手段」という定義付けをしている。このうち、強制処分と任意処分とを区別する実質的な基準としての意味を持つのは、①の**個人の意思を制圧し**、ということと、②の**身体、住居、財産等に制約を加えて**、ということの２つである。[19]

　それでは、①の「個人の意思を制圧し」とはどのように解すべきであろうか。ところで、

---

(19)　井上正仁『強制捜査と任意捜査　新版』（有斐閣、2014年）７頁は、「このうち③は、強制処分という言葉を言い換えただけのものであり、④も強制処分法定主義の裏返しの表現で、トートロジーに過ぎない」として、実質的な基準として意味を持つのは、①及び②であり、「この二つの要因は、強制処分と任意処分を区別する基準として、大筋において妥当なもののように思われる」と評する。

個人の意思を制圧するとは、文字どおりのように、対象者の意思を現実に制圧することまで必要なのであろうか。この点、必ずしも明らかでない。

　例えば、個人の私生活領域である住居内の対象者を秘かに写真撮影、あるいはビデオ撮影する行為や通信・会話の傍受などは、対象者に秘匿して行うものであり、それは相手方が不知のため反対しないだけであり、それを知れば当然拒絶する性質の行為であるから、現実に個人の意思を制圧していなくても、それは合理的に推認される相手方の意思に反したプライバシー権を侵害するものとして、個人の意思を制圧するものと評価できるものと考えられる。

プラス・アルファ

　この点、香城解説（香城敏麿『最高裁判所判例解説　刑事篇（昭和51年版）』（法曹会）72頁）も、判決のいう強制手段は個人の身体、財産等に対する侵害行為につき、明言してはいないが、「個人の意思に反してすることの許されないような性質の行為か否か、強制という要素が加わっている行為か否かという2つの観点から判断するのが相当と思われる。」としていることからすると、住居内の対象者を秘かに写真撮影（あるいはビデオ撮影）する行為や通信・会話の傍受など対象者に秘匿して行う捜査手法は、権利の性質上、プライバシー権を侵害する行為とみて、現実に個人の意思を制圧していなくとも、判決のいう「個人の意思を制圧」する行為、とみているのではないかと考えられる（なお、『判例から学ぶ捜査手続の実務Ⅳ』④事例、梱包品のエックス線検査に関する最決平成21年9月28日刑集63巻7号868頁参照）。

　この点、井上正仁『強制捜査と任意捜査』10頁は、「通信・会話の傍受などは、対象となる会話の当事者に知られずに実施するものであり、当事者が知らない以上、反対するということは考えられず、従って、その意思を制圧するということもないから、任意処分だとする見解が一部にある。しかし、それは、当事者が知らないから反対せず、従って制圧の必要もないというだけのことであり、本人が知れば当然拒否すると考えられる場合に、そのように合理的に推認される当事者の意思に反してその人の重要な権利を奪うのも、現実に表明された当事者の反対意思を制圧して同様のことを行うのと、価値的には何ら変わらないというべきである。この理は、例えば、住居主が不在のときに、その住居に立ち入って捜索を行うのが任意処分とは到底いえないことを考えれば、容易に理解できるところであろう。その意味では、第1の要因は『相手方の明示または黙示の意思に反すること』と言い直す方が適切かもしれない。」と解している。

　また、上口裕『刑事訴訟法（第3版）』（成文堂、2012年）64頁も、「個人の意思の制圧は、明示された反対意思を押し切ることを意味するが、相手方の不知の間になされる法益侵害もまた強制処分というべきであるから、『同意を得ないで』という趣旨に解すべきである。」と解している。

　そして、②の「身体、住居、財産等に制約を加えて」とは、強制手段である以上、憲法第33条及び第35条等が基本権として保障するような、いわば強制処分法定主義や令状主義によって規律される重要な権利・利益に対する制約を加えることと解することができよう。

　すると、**強制手段とは、実質的には、個人の意思を制圧し（相手方の意思に反し）、その身体、住居、財産等個人の権利・利益に制約を加えて行う捜査目的実現行為と解する**ことができる。

(2)　有形力の行使が任意捜査において許容される要件とはどのようなものか

　有形力の行使が任意捜査において許容される要件につき、本決定は、任意捜査における有形力の行使は、それが強制手段に当たらない限り、許容される場合があるけれども、その場合、「**何らかの法益を侵害し又は侵害するおそれがあるのであるから、状況のいかんを問わず常に許容されるものと解するのは相当でなく、必要性、緊急性なども考慮したうえ、具体的状況のもとで相当と認められる限度において**」、初めて許容されると解したのである。

　つまり、任意捜査における有形力の行使は、相手方の意思を制圧し、身体、住居、財産等個人の権利・法益に制約を加える行為（強制手段）はもとより許されないが、強制手段に当たらない有形力の行使は、その必要性、緊急性が存し、しかもそれが具体的状況のもとで相当と認められる限度であるならば、許されるということである。

(3)　本件事案における判例の判断枠組みの当てはめ

　それでは、本件では、この基準をどのように当てはめたのであろうか。

　本件で問題とされたのは、K巡査らが、Xに呼気検査に応ずるように、なおも説得中のところ、Xが急に椅子から立ち上がって出入口の方へ小走りに行きかけたので、K巡査は、Xが逃げ去るのではないかと思い、Xの左斜め前に近寄り、「風船をやってからでいいではないか。」といって両手でXの左手首を摑んだ行為の適否である。

　まず、K巡査が両手でXの左手首を摑んだ行為は、Xの意思を制圧し、身体の自由を拘束するほどの強度なものといえるかであるが、Xはこれを振り払って、K巡査への攻撃に及んでおり、K巡査としてはXが逃げ去るのではないかと思い、翻意させるべくとっさにでた行動であり、そのことの一事をもって強制手段に当たるとはいえない、というべきである。この点、本決定も、K巡査のとった行為は、「**呼気検査に応じるよう被告人を説得するために行われたものであり、その程度もさほど強いものではない**というのであるから、これをもって性質上当然に逮捕その他の強制手段にあたるものと判断することはできな

い。」としたことは、正当である。

次に、K巡査のとった行為が強制手段に当たらないとしても、それが許容されるためには「必要性、緊急性なども考慮したうえ、具体的状況のもとで相当と認められる」かどうかを検討しなければならない。本件におけるXの飲酒状況は、事故直前まで約３時間にわたり、ビール大瓶１本、日本酒５合ないし６合位を飲酒しており、その後、軽四輪自動車を運転して帰宅の途中に道路端に置かれたコンクリート製のごみ箱などに衝突する事故を起こしたものであり、その時の状況は、顔は赤くて酒のにおいが強く、身体がふらつき、言葉も乱暴で、外見上酒に酔っていることがうかがわれることから、**酒酔い運転であったことは明白**と考えられる。

本来ならば、Xは過去にも同種事犯で検挙されているのであるから、当然酒酔い運転の現行犯逮捕すべき事案であったといえる。しかし、本件事案の発生は昭和48年であり、当時は飲酒運転に対する社会的認識も、現在のような厳罰化の背景もなく、比較的寛容なものがあったとみられることから、逮捕せずに任意捜査で処理しようとしたとしても、必ずしも不相当とはいえないものだったのかもしれない。

ところが、K巡査の予期に反して、Xは過去に検挙された経験から飲酒検知の引き延ばしを図り、このためK巡査らによる約１時間半にわたる説得にも応じず、警察署から立ち去ろうとした挙に出たものである。それに対し、K巡査がXの逃走防止を図り、そして改めて呼気検査に応ずるよう翻意させるために、両手でとっさにXの左手首を摑んだとしても、それは説得行為の一環として執った職務行為であり、非難されるべきものとはいえない。すると、K巡査としては、**Xの退出を拒み、呼気検査に応じるよう翻意させるための説得の一環として、かかる行為に出たことは、その必要性も、緊急性も具備されており、**しかも、K巡査が両手でXの**左手首を摑んだその行為も、相当性を逸脱するようなものとはいえない**から、その有形力の行使は適法なものといえる。

ところで、本決定は、自ら掲げたメルクマールである必要性、緊急性の文言を直接用いていないが、K巡査の行為は、「酒酔い運転の罪の疑いが濃厚な被告人をその同意を得て警察署に任意同行して、被告人の父を呼び呼気検査に応じるよう説得をつづけるうちに、被告人の母が警察署に来ればこれに応じる旨を述べたのでその連絡を被告人の父に依頼して母の来署を待っていたところ、被告人が急に退室しようとしたため、さらに説得のためにとられた抑制の措置であって、その程度もさほど強いものではないというのであるから、これをもって捜査活動として許容される範囲を超えた不相当な行為ということはできず、

公務の適法性を否定することができない。」と判示しており、必要性、緊急性が当然に具備されていたことを前提に判断したものといえる。

⑩ 昭和51年最高裁決定を踏まえ、平成22年東京高裁判決及び平成21年東京高裁判決について、強制採尿令状の発付・執行に向けた「強制手続への移行段階」における「有形力の行使」の許容限度の検討

1　昭和51年最高裁決定と平成22年東京高裁判決との関係

　平成22年東京高裁判決が、強制採尿令状の発付・執行に向けた「強制手続への移行段階」に至った場合に、強制採尿令状請求が行われていること自体を被疑者に伝えることを条件に、「純粋な任意捜査の場合に比し、相当程度強くその場に止まるよう被疑者に求めることも許される」としていることから、**問題は、「強制手続への移行段階」において、留置き現場、あるいは留め置いている警察署から、退去の意思を示して退去行動にでた場合に、昭和51年最高裁決定において示された任意捜査における有形力の行使の許容限度、具体的にはいかなる程度の有形力行使が認められるかである。**

　この問題を検討する前提として、まず、昭和51年最高裁決定（⇨本書⑨事例）の判決構造を確認する。

　それは、任意捜査としてなされたある捜査手続（例えば、一定の有形力行使）の適否が争われた場合（本件事例に即すると、酒酔い運転事故の被疑者を警察署に任意同行し、そこで再三にわたり呼気検査に応じるよう説得したがこれに応じないばかりか、急に小走りで署外に退出しようとしたため、逃げ去るのではないかと思い、その左斜め前に立ち、両手でその左手首を摑んだ行為の適否）に、まず第1段階で、当該行為が強制手段（処分）に当たるか否かを判断し（強制処分該当性の検討）、それが強制手段（処分）に当たるときには違法と判断され、他方、任意処分と判断されると、次の第2段階で、それが**強制手段に当たらない有形力の行使であっても、何らかの法益を侵害し又は侵害するおそれがあるから、必要性、緊急性なども考慮した上、具体的状況のもとで相当と認められる限度において許容されるという二段階によって違法性の有無が判断される**という判決構造（判断枠組み）で成り立っている。

　つまり、本決定が強制手段の意義について、「強制手段とは、有形力の行使を伴う手段を意味するものではなく、個人の意思を制圧し、身体、住居、財産等に制約を加えて強制的に捜査目的を実現する行為など、特別の根拠規定がなければ許容することが相当でない手段を意味するもの」と解した上で、その強制手段に至らない有形力の行使、つまり「右

の程度に至らない有形力の行使は、任意捜査においても許容される場合があるといわなければならない。」との前提に立って、上記の二段階の判決構造（判断枠組み）を導いているのである。

　すると、平成22年東京高裁判決の示した「強制手続への移行段階」においては、**強制採尿令状請求を行うことの告知を前提に、たとえ退去の意思を示したとしても、「純粋な任意捜査の場合に比し、相当程度強くその場に止まるよう被疑者に求めることも許される」**としたその有形力の行使は、昭和51年最高裁決定の示した二段階の判決構造のうち、第２段階における「**必要性、緊急性なども考慮した上で、具体的状況のもとで相当と認められる限度」において許容される**ものと解される。このように解する理由は、平成22年東京高裁判決が示したように、強制採尿令状を請求するためには、「予め採尿を行う医師を確保することが前提となり、かつ、同令状の発付を受けた後、所定の時間内に当該医師の許に被疑者を連行する必要もある。したがって、令状執行の対象である**被疑者の所在確保の必要性**には非常に高いものがある」ことに求めることができるからである。

　したがって、強制採尿令状請求の準備中に、**対象者が留置き場所から退去意思を示し、現実に退去行動に出た場合、それに対する捜査員の退去阻止行為は、**強制採尿令状の発付・執行に向けた「強制手続への移行段階」であったとしても、いまだ任意捜査の範疇にある以上、任意捜査における**有形力行使の許容限度は、昭和51年最高裁決定の射程範囲で理解すべきもの**といえる。

　昭和51年最高裁決定の事案は、酒酔い運転の濃厚な被疑者であり、現行犯逮捕も可能であったが、逮捕せずに任意捜査で処理しようとし、警察署に任意同行し留め置いて、呼気検査に応じるように説得していたものである。

　これに対し、平成22年東京高裁判決の事案は、麻薬及び向精神薬取締法違反の前歴があることが判明したため、腕の注射痕の有無を確認したところ、左腕肘内側に真新しい注射痕２個を発見し、その際、そわそわし、手が震え、足ががくがくしていたことなどからして覚せい剤使用の容疑が濃厚であったため、職務質問の現場に、強制採尿令状発付・執行まで留め置いたものであり、特定の被疑事実が前提、かつ明白であることに共通性もある。

　平成22年東京高裁判決の留置きの態様も、Ｘ車両のすぐそばにいるＸと少し距離を置いて取り巻いたり、Ｘが同車両に乗り込んだ後は、同車両と一定の距離をおき警察車両を駐車させていたもので、身体を押さえつけたり、引っ張ったりするなどの物理力の行使はなく、せいぜいＸの腕に警察官が腕を回すようにして触れ、それをＸが振り払うようにしたという程度であったほか、その間に、Ｘは、車両内で携帯電話で通話をしたり、たばこを

吸ったりしながら待機していたというのであった。

　このことから、平成22年東京高裁判決では、「強制採尿令状請求が行われていること自体を被疑者に伝えることが条件となるが、純粋な任意捜査の場合に比し、相当程度強くその場に止まるよう被疑者に求めることも許される」としつつも、昭和51年最高裁決定の判断枠組みを直接、引用していない。しかし、強制採尿令状の請求手続が進行中で、その対象者の所在確保の要請が非常に高まっている段階にあったことを考慮し、昭和51年最高裁決定の判断枠組みを念頭におきつつ、同令状請求準備から同令状執行まで約3時間21分要したが、留置きは必要な最小限度のものにとどまっていると判断したものと考えられる。

2　昭和51年最高裁決定と平成21年東京高裁判決との関係

　平成21年東京高裁判決の事案は、「強制手続への移行段階」において、Ｘが取調べ室からの退出を捜査員らにより阻止され留め置かれていたが、これを昭和51年最高裁決定の判断枠組みに当てはめてみることとする。

　本判決は昭和51年最高裁決定において示された任意捜査において、許容される有形力行使の限度の基準を、直接引用していないが、その判決内容からして、これを念頭に判断しているものといえる。

　まず、Ｘはその顔が青白く、頬もやせこけ、ぎらぎらしたような目つきをしているなど薬物常習者特有の表情をしていて、Ｘ車両の運転席付近からトランクの辺りをうろうろと歩き回ったり、周りをきょろきょろ見たりして、態度に落ち着きがなく、前歴照会をして覚せい剤事犯12件の前歴が判明していることに加え、同車運転席側ドアポケット内からスタンガン1個が発見されており、覚せい剤使用の容疑が濃厚で、かつ軽犯罪法違反被疑者としての明白性がある。

　このためＸは、警察署に任意同行された。その後、取調べ室から退出しようとする行動をとったが、その都度、取調べ室の出入口付近で監視していた丙川警部補や他の警察官が集まり、退出しようとするＸの前に立ち塞がったり、背中でＸを押し返したり、Ｘの身体を手で払うなどして退出を阻止されていた。それでは、この退出阻止行為をどのように評価すべきかである。

(1)　退出阻止行為が強制手段（処分）に当たるか否か

　まず、昭和51年最高裁決定の許容基準を判断する第1段階として、その退出阻止行為が強制手段（処分）に当たるか否かを検討する。

　強制手段とは、個人の意思を制圧し、その身体、住居、財産等個人の権利・利益に制約

を加えて行う捜査目的実現行為と解することができる。

　判決は、Xが言を左右にして任意採尿に応じようとしておらず、再三、退出しようとし、他方、丙川警部補らが、Xを本件取調べ室内に留め置くために行使した有形力は、退出を試みるXに対応して、その都度、Xの前に立ち塞がったり、背中でXを押し返したり、Xの身体を手で払う等といった**「受動的なものに留まり、積極的に」**、Xの**「意思を抑圧するような行為等はされていない。」**と評価した。

　丙川警部補らが再三にわたりXの退出阻止に出ていることからすると、それは違法な行為とも評価される余地もありそうであるが、それは阻止の態様、つまり**Xの前に立ち塞がり、背中で押し返し、身体を手で払う等といった行為は、いまだ個人の意思を制圧するまでには至らないと判断したものである。**

　そのことは、「受動的なものに留まり、積極的」なものではないとの表現にあらわれている。判決が、そのような判断に至った背景には、次の①から④にみられるXの言動と、それに対する丙川警部補らの対応として、留置きに伴う任意性確保のための配慮が考慮されたものと推測される。

①　Xは取調べ室内で、H弁護士と携帯電話で通話することが許されており、同弁護士から、ⅰ警察官に公務執行妨害罪で検挙されないよう注意すべきこと、ⅱ退出する際には携帯電話でその状況を撮影すべきことなどの助言を得、多数回、退出の意思を表明し、携帯電話の動画撮影機能で本件取調べ室内の状況や出入口付近の状況を撮影しながら、退出しようとする行動をとった。

②　Xは、本件取調べ室から退出することはできなかったが、出入口付近にいた警察官に身体をぶつけた際、殊更に「痛い、痛い。」などと言ったり、本件取調べ室の壁などに自ら頭部をぶつけ、それにより受傷したなどと訴えたり、退出を妨げられてよろめいた振りをして床に仰向けに転倒するなどした状況を前記携帯電話で撮影し、丙川警部補らに対し、「おまえらにやられてけがしたと言ってやるからな。これでおれは20日でパイだよ。4連勝だよ。」などと言っていた。

③　Xは、本件取調べ室に入室後、強制採尿令状を示されるまで、警察官から携帯電話機の充電器を借用するなどした上、動画撮影を行う一方、50回以上も外部と携帯電話で通話し、その合計時間は約80分に及んでいる。

④　Xは、長女をK署に呼び寄せ、希望する飲物や筆記用具を取調べ室内に持ち込ませるなどしたほか、X自ら重病という妻をわざわざ自宅から呼び寄せて、取調べ室に入室させ、既に通常の病院の診療時間ではないのに、病院に連れていく必要があるから帰らな

ければならないなどと繰り返し訴えてもいた。

　このことは、本判決が「警察官らは、本件取調室内で、被告人と長女や妻との面会や、飲食物やその他必要とされる物品の授受、携帯電話による外部との通話も認めるなど、被告人の所在確保に向けた措置以外の点では、被告人の自由が相当程度確保されており、留め置きが対象者の所在確保のために必要最小限度のものにとどまっていることを裏付けている。」と判断していることにも見い出すことができる。

(2)　強制処分に当たらないとして、必要性、緊急性、具体的状況の下で有形力行使の相
　　当性は認められるか
　次に、丙川警部補らのとった行為が強制手段に至らない有形力の行使と判断されたことから、次の第2段階での判断に至る。それが強制手段に当たらない有形力の行使であっても、何らかの法益を侵害し又は侵害するおそれがあるから、必要性、緊急性なども考慮した上、具体的状況の下で相当と認められる限度において許容されるという判断枠組みで、更に判断されることになる。この点、平成21年東京高裁判決は、どのように判断したのであろうか。

　本判決を引用すると、「**本件では、強制採尿令状請求に伴って被告人を留め置く必要性・緊急性は解消されていなかった**のであり、他方、留め置いた時間も前記の程度にとどまっていた上、被告人を留め置くために警察官が行使した有形力の態様も前記の程度にとどまっていて、同時に、**場所的な行動の自由が制約されている以外では、被告人の自由の制約は最小限度にとどまっていたと見ることができる。**」として、第2段階での判断基準を検討し、これを充足していると判断したのである。
　すると、本判決は、昭和51年最高裁決定の判断枠組みを忠実に踏まえたものと評価できる。
　その後に現れた前記の平成22年東京高裁判決では、強制採尿令状請求が行われていること自体を被疑者に伝えることを条件に、純粋な任意捜査の場合に比し、相当程度強くその場に止まるよう被疑者に求めることも許されると解されるとしている。この見解について、どの程度の有形力が具体的に認められるものであるか、その後の裁判例の蓄積がないため明らかとなっていないが、平成21年東京高裁判決及び平成22年東京高裁判決の事案における捜査員の対応は、捜査実務上、十分考慮に値するものといえる。
　このように、本書冒頭の ①1 「留置き」の擬律判断につき捜査実務（現場）への提言

で論及したとおり、二分説（論）を採用した平成21年東京高裁判決及び平成22年東京高裁判決は、捜査実務に深い理解を示した判決として高く評価できると考えるのである。

"捜査実務で使える"実戦的な刑法総論解説の決定版！

待望の
第2版
発行!!

捜査実例中心
刑法総論解説
第2版

元最高検察庁刑事部長　幕田英雄 著

●A5判　●792頁　●定価（本体3,800円＋税）
ISBN978-4-8090-1328-7　C3032　¥3800E

本書の特色　第2版のポイント

「事案の処理」を意識した実戦的な刑法総論

◆**「捜査マニュアル」としての刑法総論**

　実務との関連が希薄な抽象的事項は割愛し、初動捜査時における検討事項の設問を掲げ、「擬律判断」「捜査の指針確立」のため必要となる事項を、実例・判例を基に具体的かつ平易に解説した。

◆**近時の実務の動向を反映**

　平成20年以降の判例のうち、実務上重要なものを追加したほか、解説本文に近時の実務の動向を反映させるとともに、捜査上の留意事項を加筆した。また、最新の学説理論も捜査上有益なものに絞り、要点を新設のコラム欄で紹介した。

◆**経験を積んだ捜査官のニーズにも対応**

　捜査幹部や検察官の実務におけるニーズに応えるため、アドバイス欄ではハイレベルな内容にも踏み込んで丁寧に解説した。図表やチャートを多用し、本文中の参照指示や事項索引を充実させ、判例索引を新設するなど、現場で調べやすい手引書とした。

捜査官と刑法総論（「発刊に寄せて」から抜粋）

　良き捜査官（特に良き捜査指揮官）になるためには刑法理論をマスターすることが極めて有益であるだけでなく、むしろほとんど不可欠であるという確信を持っていただきたい。……（中略）……複雑な事件の報告も常識を基にして刑法理論の観点から、順序立てて話を聞き調書を読んでいけば、捜査が煮詰まっていない点はどこか、将来捜査上難航しそうな点はどこかが、何となく見えてきたという実感を持つ。このような経験からすると、捜査官の皆さん、特に捜査を指揮する立場の捜査官も、刑法総論の理論を体得すれば、同じように事件について見逃してはならない問題点が見通せるようになり、問題点に即した効率的な捜査を実行できるものと思う。

元最高裁判所判事、元名古屋高等検察庁検事長　亀山継夫

東京法令出版